U0939226

高速铁路城轨交通线路设计

欧阳全裕 编著

中国建筑工业出版社

图书在版编目（CIP）数据

高速铁路城轨交通线路设计/欧阳全裕编著．—北京：中国建筑工业出版社，2019.1
ISBN 978-7-112-22997-0

Ⅰ.①高…　Ⅱ.①欧…　Ⅲ.①铁路线路-设计　Ⅳ.①U212.3

中国版本图书馆 CIP 数据核字(2018)第 269185 号

本书根据高速铁路、城际铁路及各类城轨交通线路的不同特点，依据近年来发布的相应设计规范，紧密结合工程实际和多年设计工作经验，汇集线路设计及有关专题论文，分章节分别论述了高速铁路速度目标值与线路标准、高速铁路选线及平纵断面设计、我国高速铁路发展现状与前景；城际、市域铁路选线及线路平纵断面设计；各类城轨交通不同特点与其线路相应的技术标准及设计参数的合理确定；枢纽线路疏解设计实例经验等。

本书可供业内人士交流研讨、同类线路设计使用及类似工程设计参考，亦可供大、中院校相关专业师生教学参考。

责任编辑：于　莉　田启铭
责任设计：李志立
责任校对：焦　乐

高速铁路城轨交通线路设计
欧阳全裕　编著
*
中国建筑工业出版社出版、发行（北京海淀三里河路 9 号）
各地新华书店、建筑书店经销
北京科地亚盟排版公司制版
北京市密东印刷有限公司印刷
*
开本：787×1092 毫米　1/16　印张：8½　字数：207 千字
2019 年 1 月第一版　2019 年 1 月第一次印刷
定价：**36.00** 元
ISBN 978-7-112-22997-0
（33076）

版权所有　翻印必究
如有印装质量问题，可寄本社退换
（邮政编码 100037）

前　言

自我国第一条长大线路京沪高速铁路于2011年建成通车以来，仅短短数年内我国高速铁路建设已经取得飞速发展，现已初步建成具有中国特色的技术先进、安全可靠、全球最大的高速铁路网，高速铁路线路已基本贯通国土南北东西，实现了全国各大地区之间、城市之间的时空跨越，极大地方便了人们的远程出行，也必将大力促进高速铁路沿线地区经济社会持续稳步发展。

具有大运量、快速、准时、舒适、低污染特点的城市轨道交通，是解决城市地面交通拥堵、环境污染日趋严重问题，适应城市经济社会可持续发展的有效途径。近二三十年来国内各大城市，近些年已扩展到众多省、地级城市，城轨交通建设，诸如地铁、轻轨、市郊线、市域线、城际铁路等都在蓬勃发展。

高速铁路建设，是一个庞大的系统工程，在前期研究设计阶段即涉及诸多专业，线路是构建各项工程和技术设备的最终载体，路内俗称线路专业是“龙头”，设计必“先行”，且线路设计的优劣关乎项目的整体效果。如线路走向、路径大方案决策关系到建设项目的工程、运营技术经济合理性，线路平纵断面技术标准、设计参数直接影响到列车安全运行平稳性及乘客乘坐舒适度。其他城轨交通和高速铁路情况类似，只是工程规模相对较小，因其功能定位不同又各有特点。前些年除地铁外尚无相应规范可循，各地具体工程设计标准也不尽统一，笔者多年从事铁路线路勘察设计和技术管理工作，根据各类线路特点，紧密结合工程实际，撰写发表有关线路设计及相关专题研究论文多篇，其中多篇次选入各级优秀论文集，受到广泛关注，网络信息多而杂乱。令人欣喜的是随着我国高速铁路和城轨交通的发展和工程建设、运营实践经验的积累，近两三年来相继发布了相应的设计规范，如国家铁路局2014年发布的行业标准《高速铁路设计规范》TB 10621—2014和《城际铁路设计规范》TB 10623—2014、2016年由中国铁道学会发布的学会标准《市域铁路设计规范》TCRSC 0101—2016、2017年由中国土木工程学会发布的《市域快速轨道交通设计规范》T/CCES 2—2017等，标示着我国高速铁路、城轨交通系统的成熟和技术标准化，给工程设计提供了充分依据。为方便读者，现依据相应规范拟将这些线路设计及相关专题研讨汇编出版发行，供业内人士共同交流、同类线路设计使用及类似工程设计参考，亦可供大、中院校相关专业师生教学参考。

顺此说明一点，笔者曾于2016年由中国建筑工业出版社出版发行《地铁轻轨线路设计》（第二版）一书，本书与之相比，内容各有侧重，二者相辅相成，前者线路类别局限地铁、轻轨，内容侧重设计实际操作，如设计原则、设计方法、步骤及注意事项等；后者线路类别涵盖面广，已纳入高速铁路、城际铁路、市域铁路线路设计，而城轨线路部分则侧重有关设计专题研究性质，二者可供不同读者实际需要选用。同时也考虑到各自的整体结构系统性，部分内容则二者兼容并蓄，亦方便相关设计参考。

本书中有部分章节撰写时依据的是当时执行的规范标准或尚无相应规范可循，其中可能有个别参数与现行规范不尽相符，如不影响论述内容和最终结论，本书编入时不予改动，个别有需要做较大修改调整的则加以说明提示。

本书中部分章节与同事合作，其执笔人均为笔者本人。本书在编写过程中，得到天津市市政工程设计研究总院轨道交通设计研究院李睿工程师和天津轨道交通集团杨作刚高工的大力协助，校核整理做了大量工作；还有出版社编辑的热忱帮助，在此一并致谢！

由于本人水平有限，本书难免存在观点不妥或错误之处，恳请批评指正。

目　　录

第1篇 高速铁路

我国高速铁路从无到有，经过短短几年的飞速发展，现已初步建成具有中国特色的全球最大的高速铁路网，令人振奋地开创了我国高速铁路建设的辉煌历程。本篇首先回顾了我国第一条长大线路京沪高速铁路先期研究设计技术攻关阶段，对京沪高速铁路速度目标值及线路技术标准的研讨，进而依据近两年正式发布实施的行业标准《高速铁路设计规范》TB 10621—2014，系统地论述了高速铁路选线及线路平、纵断面设计，并综述了我国高速铁路建设发展现状与前景。

回顾20世纪90年代初，我国既无高速铁路实例，也无相关技术资料可循，故在高速铁路前期研究设计阶段，为解决先期土建工程如线、站、桥、隧、路、轨等设计急需，由原铁道部指令中国铁道科学研究院铁道建筑研究所进行技术攻关，并指令原铁道第三勘察设计院为总体设计院，负责编制“设计暂行规定”，笔者时任院技术处线路专业管理总工，对口负责京沪高速铁路技术管理工作，为适应线路设计急需，及时跟踪中国铁道科学研究院研究成果，并据以对京沪高速铁路速度目标值、线路技术标准及平、纵断面设计参数等进行了深入研究探讨，成文刊载于《铁道标准设计》，并得到了中国铁道科学研究院主管专家的肯定，认为“所提标准可供研究确定京沪高速铁路设计标准时参考”，现汇编于本篇第1、2章，供设计研究参考，具体工程设计应以现行设计规范为准。

第 1 章　京沪高速铁路速度目标值和线路平、纵断面设计标准探讨

20 世纪八九十年代时，我国交通运输已成为制约国民经济发展最主要的“瓶颈”。铁路运输紧张的焦点在大通道，特别是南北通道客货运能缺口很大，其中尤以京沪通道最为突出。众多专家学者通过多方考察论证，对解决京沪通道运输这一突出问题，普遍认为关键在京沪铁路扩能，而扩能的最佳方案是新建京沪高速铁路客运专线。

高速铁路是一项复杂的高科技系统工程，当时我国尚无建设先例，线路作为其最基础的设施，其主要技术标准国内亦无规程、规范可循，本章仅根据当时掌握的国外部分有关资料和国内部分初步研究成果，结合京沪高速铁路可行性研究，对与线路平、纵断面设计有关的几个主要标准问题作一初步探讨。

1. 京沪高速铁路最高速度目标值的确定

最高速度目标值是探讨高速铁路线路平、纵断面设计标准的基础和主要依据。高速铁路要选定合理的线路平、纵断面设计标准，必须首先确定符合世界高速铁路速度发展趋势和我国国情的最高速度目标值。

确定最高速度目标值主要应从技术上可能和经济上合理两方面进行考虑。

(1) 从技术上可能考虑

当今世界上正式运营的高速铁路绝大多数仍然同常规铁路一样，列车速度是借助轮轨间的粘着作用而产生牵引力实现的。影响轮周牵引力的轮轨间粘着系数和列车所受阻力都随速度的变化而变化。速度提高，粘着系数降低，列车阻力增大，尤其是空气阻力与速度的平方成正比，当速度达到 300km/h 以上时，空气阻力要消耗机车功率的 95%。当速度达到某一定值时，机车牵引力将与列车所受阻力相等，此时速度就不能再提高了，这一最高速度就是粘着铁路从技术上可能实现的极限速度。

法国和原西德的早期研究认为极限速度约为 350km/h，20 世纪 80 年代法国、德国、日本等国进行了进一步提高速度的研究、试验，如 1990 年 5 月 15 日法国用 TGV325 在大西洋新干线上创造了 515. 3km/h 的最新世界纪录。当时德国还正试制一种 21 世纪拟在柏林至波恩线路上运行的高速列车，预期速度可达 500km/h。

上述事实可以说明，从技术上考虑，选择 500km/h 以下的最高速度目标值，粘着极限速度已不是限制条件了。

(2) 从经济上合理考虑

要选择一个使高速铁路盈利最高的速度目标值即所谓的“经济速度”。随着经济的发展和生产效率的提高，人们对提高旅行速度、缩短旅行时间的需求也越来越高。速度越快，相对于常规铁路的优越性越大，同时在一定的运程范围内，还可取得与民航及高速公路竞争的优势，从而吸引更多的客流，增加高速铁路客运收入。但为适应高速要求，铁路建筑标准要相应提高，技术装备要更先进，这就必然使铁路建设投资增大。同时在运营中

对线路和机辆的维修质量要求高，且大量的能量消耗于随速度的平方而增大的空气阻力，这必然也使运营费用增加、运输成本提高。可见在不同的速度条件下，有不同的营业收入和运输成本，铁路盈利最高的速度就是“经济速度”。各国条件不同，研究出的“经济速度”稍有不同，英国、法国、德国等国在 230～300km/h 之间；我国经济比较落后，专家认为在当时条件下，我国高速铁路的经济速度为 200～220km/h。

随着我国经济的发展、科技的进步和生产效率的提高，“经济速度”还会相应提高。因此在选择速度目标值时，要考虑与我国的经济发展相适应，留有充分的余地，即要分期考虑近期目标和远期目标。

近期应更多地考虑我国的国情和路情，要从我国的经济力量、实际技术水平、人民承受能力等方面综合考虑，速度目标值不宜定得太高。

远期速度目标值，从时间考虑应看得远一些，应留有充分发展的余地。若远期目标定得过低，平、纵断面标准也就相应降低，会给以后速度提高造成难以克服的障碍，并造成工程投资的巨大浪费。这一点已从广深线由常规铁路改造为高速铁路的经验教训中得到了证明。

根据中国铁道科学研究院的初步研究成果和其他专家学者们的论证，结合京沪高速铁路可行性研究，普遍认为，高速铁路作为我国高科技的一个重要窗口，从技术政策和技术水平出发，应瞄准当代国际先进水平，高起点，一步就位。同时，考虑国外已拥有成熟的高速技术和运营经验，我国在铁路现代化建设中也有了一定基础，通过引进必要的技术或设备，开发高速技术已经具备相当有利的条件。并考虑到京沪高速铁路所经地区地形平坦，线路条件好，采用较高速度对工程投资影响不大。故建议京沪高速铁路最高速度目标值初期选用国外已十分成熟的 250km/h；远期预留发展 350km/h 条件，线路平、纵断面标准及桥、隧等基础工程设施一次建成。

另外，京沪高速铁路虽定为客运专线，但结合我国国情、路情以及京沪客货运这一南北大通道的运输特点综合考虑，高速铁路线上全部跑高速客车尚不现实，还必须兼顾部分中速客车运行（初期所占比例较大，远期渐趋减少）。即采取高、中速客车共线混跑的运输模式。两种列车的速度合理匹配问题，从运输组织、工务维修以及我国机车、车辆工业水平等角度看，京沪高速铁路高速客车速度近期采用 250km/h，匹配中速客车速度 140km/h；远期采用 350km/h，匹配中速客车速度不低于 160km/h 是合适的。

2. 线路最大坡度

线路最大坡度对工程造价、运营费用、列车牵引质量、输送能力及行车速度都有重大的影响。一般规律是：坡度越大，线路越容易适应地形的起伏及跨越江河、立交道路净高的需要，可显著减少路基土石方数量，缩短桥梁、隧道长度，降低工程造价，但列车牵引质量和输送能力降低，运营费用加大。

线路最大坡度与行车速度的关系，对高速铁路与常规铁路有所区别。常规铁路的限制坡度是机车牵引普通货物列车上坡，最后以计算速度做等速运行的坡度，坡长不受限制，不考虑动能闯坡。高速铁路的最大坡度属动力坡度的范畴，它与坡段长度紧密联系，为保证在最大坡道上速度不致降低过多，对坡长应有所限制。例如日本东海道干线，最大坡度定为 15‰，长度不超过 1km 的坡道可用到 20‰；还规定，采用 15‰的坡道时，对该坡道前后的坡道应仔细研究确定，如 20‰的坡道前后一般不宜设 15‰的坡道。

随着机车（电动车阻）功率的提高、制动技术的发展和制动力的提高以及机车、车辆的轻型化，列车的爬坡能力和下坡限速能力比以前大大提高，因此高速铁路采用与地形相适应的、较大的最大坡度已成趋势。

京沪高速铁路位于东部沿海地区，仅济南至泰安段为山区，蚌埠至南京、镇江为低山、丘陵地形，全线高程障碍小，仅在跨越公路、铁路、江河和高架引入枢纽车站前后地段使用较大坡度，由于受坡段长度的限制，一般又不能充分利用。经京津段和沪宁段采用 8‰、12‰、15‰最大坡度的技术经济比较，在工程数量及费用上无明显差别。鉴于京沪高速铁路采用“高、中速混跑”的运输模式，为满足中速客车编制 20 辆，最高运行速度 140km/h、160km/h 并分别与高速客车最高速度 250km/h、350km/h 相匹配，故研究报告建议采用最大坡度 12‰，困难地段经技术经济比较可采用不大于 15‰的坡度，其坡段长度一般不大于 3km。

3. 最小曲线半径

最小曲线半径是高速铁路保证高速行车的最重要的技术标准之一，它对工程费、运营费以及乘客乘坐舒适度都有重大的影响。而且一旦建成后就很难改建。京沪高速铁路还应考虑“高、中速混跑”的运输模式，并结合沿线地形等自然条件合理选定最小曲线半径。

选择客运型高速铁路的最小曲线半径，应首先合理选定以下几个主要相关参数，即：最高行车速度允许的最大超高值 $[h]$ 和最大欠超高值 $[h_q]$、中速客车的运行速度及其允许的最大过超高值 $[h_g]$。

(1) 超高设置及最大超高值 $[h]$

超高设置，在我国常规铁路一般以内轨为基准抬高外轨来实现，在日本新干线为减小车辆重心上下移动量采取内轨降低和外轨抬高各 1/2 超高值的设置办法，如图 1-1 所示。从保证车辆不致倾覆的安全角度考虑，按静态可简单分析允许的最大超高值如下：

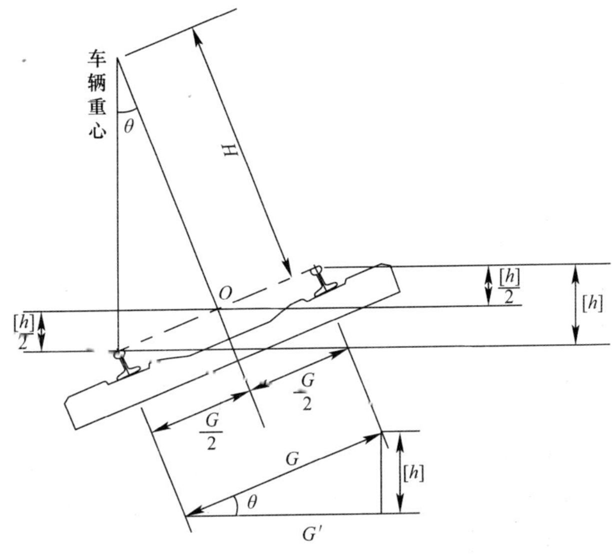

图 1-1　曲线最大超高示意图

$$\frac{[h]}{G'}=\frac{G/2}{H} \tag{1-1}$$

式中 $G/2$ 为车辆重心对基底截面重心（此处为左右轨面连线中点即轨道中心 O 点）的偏心距，通常按不大于基底截面核心半径的 1/3 控制，即：$\frac{1}{3}\times\frac{G}{2}=\frac{G}{6}$；又因超高倾斜角 θ 很小，故 G' 可视为 G，以 $\frac{G}{6}$ 代替 $\frac{G}{2}$，G 代替 G'，代入公式（1-1）化简后可得：

$$[h]\leqslant\frac{G^2}{6H} \tag{1-2}$$

式中 H——车辆重心离轨面高度，取 2000mm；

G——左右轮轨接触点间距离，取 1500mm。

代入公式（1-2）得：$[h]\leqslant187.5$mm。运行中的车辆还要考虑离心力、向心力、侧面风力及车体本身振动摇摆等合力作用的影响，合理确定安全可靠的最大超高值 $[h]$，我国常规铁路一般取 150mm，上下行速度悬殊地段取 125mm；日本和法国的客运专线为 180mm，个别情况为 200mm。

（2）允许的最大欠超高值 $[h_q]$

在高、中速混跑线上，对于高速列车而言，曲线实设超高值往往比与其速度相适应的均衡超高值低一些，其不足的差值称为欠超高。

国外决定允许的最大欠超高值都采用未被平衡的横向加速度 $a_{未}$ 这一要素，为满足舒适度而限制乘客感觉到的 $a_{未}$ 值。从理论上分析：

$$a_{未}=\frac{V^2}{3.6R}-\frac{hg}{G}\quad(\mathrm{m/s^2}) \tag{1-3}$$

式中 G——左右轮轨接触点间距离，取 1500mm；

h——实设超高值，mm；

R——圆曲线半径，m；

V——行车速度，km/h；

g——重力加速度，9.8m/s^2。

设未满足乘客乘坐舒适度的 $a_{未}$ 允许值为 a_0，则公式（1-3）可表达为：

$$h\geqslant\frac{11.8V_{\max}^2}{R}-153a_0\quad(\mathrm{mm}) \tag{1-4}$$

欠超高值的大小，对于高、中速混跑客运铁路而言，主要是高速列车因超高不够而产生的未被平衡的横向（向曲线外侧）加速度影响高速列车的乘客乘坐舒适度，必须加以限制。另外，如欠超高值过大，将造成外侧钢轨偏压磨耗过大，外侧道床变形，给线路养护维修带来困难，增大维修工作量。

中国铁道科学研究院两次试验表明，欠超高 80mm 乘客有轻微感觉，欠超高 120mm 乘客有明显感觉；日本东海道新干线试验证明，欠超高不超过 30mm，乘客没有明显不舒适感，而达到 60mm 就有所感觉。目前日本和德国最大欠超高值定为 60mm，法国为 90mm，个别为 130mm；我国常规铁路一般为 60～75mm，困难地段为 90mm。

（3）允许的最大过超高值 $[h_g]$

在高、中速混跑线上，对于中速列车而言，曲线实设超高值往往比与其速度相适应的均衡超高值高一些，其超过的差值称为过超高。

从理论上分析，原理同欠超高一样，过超高值的大小，对于高、中速混跑客运铁路而言，主要是因超高过大而产生的未被平衡的横向（向曲线内侧）加速度对中速列车乘客乘坐舒适度有一定影响。过超高值大小对工务维修的影响，客运铁路则与客货混运的常规铁路有所差别。常规铁路因速度较低的货物列车占通过总重的比例甚大（一般约占80%），为防止内轨偏压磨耗过大，对过超高值限制较严格，而对于高、中速混跑客运专线，通过总重相差不多，对过超高值限制可放宽一些。

综上所述，对超高三要素参考国外经验，并根据中国铁道科学研究院有关线路标准专题报告的建议，京沪高速铁路可研阶段拟采用：允许的最大超高值 $[h]$ 一般地段150mm，困难地段180mm；允许的最大欠超高值 $[h_q]$ 一般地段90mm，困难地段110mm；允许的最大过超高值 $[h_g]$ 一般地段75mm，困难地段90mm。

（4）最小曲线半径 R_{min} 的选定

根据上述确定的五个参数即最高速度 V_{max}、最低速度（即中速列车速度）V_D、允许的最大超高值 $[h]$、允许的欠超高值 $[h_q]$、允许的过超过值 $[h_g]$ 按下式进行计算确定：

对于高速客运专线：
$$R_{min} \geqslant \frac{11.8V_{max}^2}{[h]+[h_q]} \quad (m) \tag{1-5}$$

对于高、中速混跑线：
$$R_{min} \geqslant \frac{11.8(V_{max}^2-V_D^2)}{[h_g]+[h_q]} \quad (m) \tag{1-6}$$

$$V_B \geqslant \sqrt{\frac{[h]-[h_g]}{[h]+[h_q]}} \cdot V_{max} \quad (km/h) \tag{1-7}$$

式中　V_B——标准速度。

当 $V_D \geqslant V_B$ 时，最小曲线半径 R_{min} 按公式（1-5）计算，反之按公式（1-6）计算。

按上式算得对应不同速度目标值的最小曲线半径计算值及建议值列于表1-1。

对应不同速度目标值的最小曲线半径计算值及建议值　　表1-1

项目		一般		困难	
		计算值	建议值	计算值	建议值
$[h]$(mm)		150		180	
$[h_q]$(mm)		90		110	
$[h_g]$(mm)		75		90	
R_{min} (m)	高速客车250km/h 中速客车140km/h	3300	3500	2600	3000
	高速客车350km/h 中速客车160km/h	7000	7000	5800	6000

综上所述，并根据铁科技函［1993］395号文的精神，京沪高速铁路可研阶段，最小曲线半径一般为4000m，在有条件预留350km/h区段不小于6000m；进出大站两端加减速地段经牵引计算可取与行车速度相适应的较小曲线半径；枢纽范围内因受地形、地物控制地段以及利用既有线引进既有车站地段，经技术经济比较可选用较小半径曲线或保留既有小半径曲线。

顺便提点关于曲线最大半径的问题。常规铁路规范中标准半径最大为 4000m，而高速铁路一般均大于 4000m，加之缓和曲线较长，以致曲线长度至少为 800～1000m，如半径过大，曲线更长，难以养护维修，因此笔者认为曲线最大半径应有所限制，建议京沪线取 10000～12000m 足矣。

4. 缓和曲线线型及长度

目前在我国和世界其他各国，对列车速度不高的常规铁路大多采用三次抛物线型的缓和曲线，其优点是线型简单，超高顺坡和曲率变化都是直线型的，故通常亦简称为直线型缓和曲线。计算、测设和养护维修都比较简便，相同条件下长度最短。其缺点是，在缓和曲线起终点与直线、圆曲线连接处在立面上是折角形，从理论上讲车辆通过连接点处的竖向加速度值为无穷大，并产生附加垂直冲击力，使轨道稳定性和行车平顺性恶化。速度越高，冲击力越大，恶化程度越严重。

为改善其不足，以满足高速铁路行车安全、平稳、舒适的要求，国内外学者先后提出数十种超高和曲率都是非线性变化的缓和曲线。归纳其共同特点是，为寻求使缓和曲线起终点的曲率 K 对缓和曲线长度 L 的导数 $\frac{\mathrm{d}K}{\mathrm{d}L}=0$ 的更高阶导数缓和曲线线型，致使其长度增加；且高阶导数缓和曲线由于“起、收步”慢，而缓和曲线的有效长度实质上变得越来越短，测设和养护维修更加困难，特别是在碎石道床条件下，线型难以保持。所以至今世界上实际铺设的仅有一阶导数为 0 的缓和曲线，例如日本高速铁路采用半波正弦型；而二阶、三阶导数为 0 的线型仍停留在理论研究阶段，尚未被正式采用。

由于车辆和轨道实际上均为具有一定刚度的弹性体，直线型缓和曲线通过一定的运量后，形状逐渐与理论不符，在其起终点处，钢轨转折点的转折角已不复存在，其两端直线部分和曲线部分已自然圆顺成近似于半径 3000～4000m 的曲线与缓和曲线较平顺地连接，外轨立面形状近似呈“S”形。这说明直线型缓和曲线在立面上的不足之处在运营过程中实际上已有所改善，其起终点处的竖向加速度和附加垂直冲击力都并非无穷大。中国铁道科学研究院和国外多次试验都证明了这一点。实际上车辆产生的竖向和横向加速度值，在圆曲线范围内最大，在缓和曲线起终点处次之，在直线段最小。其值随速度的提高而增加。常规的三次抛物线型缓和曲线起终点处自然圆顺范围较小，不能满足高速铁路对乘客乘坐舒适度的要求。为进一步改善该处的高速行车条件，专家们建议可在其起终点处立面上各加一个圆形竖曲线圆顺之，平面上仍然是三次抛物线，称其为“超高圆顺三次抛物线型缓和曲线”，或简称为“三次改善型缓和曲线”。如图 1-2 所示，圆顺段长度 L_y 一般可取 40m 或 10m 的整倍数，据此可计算圆顺竖曲线半径 R_V：

$$R_V=\frac{L_y \cdot L_0}{h_0} \quad (\mathrm{m}) \tag{1-8}$$

式中　L_0——三次改善型缓和曲线长度；

h_0——曲线外轨超高值。

各点超高分三段计算：

前圆顺段超高 $h_1(0\sim L_y)$：

$$h_1=R_V\left(1-\cos\frac{l}{R_V}\right) \quad (\mathrm{mm}) \tag{1-9}$$

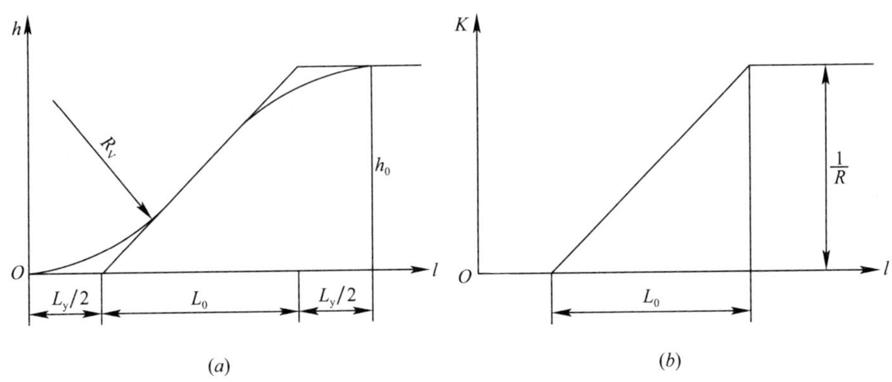

图 1-2　三次改善型缓和曲线计算示意图

（a）立面超高变化；（b）平面曲率变化

式中　l——计算点至直线端圆顺起点的长度。

中间直线型超高 h_2：

$$h_2 = \frac{h_0}{L_0}\left(l - \frac{L_y}{2}\right) \quad (\text{mm}) \tag{1-10}$$

后圆顺段超高 h_3：

$$h_3 = h_0 - R_V\left(1 - \cos\frac{L_0 + L_y - l}{R_V}\right) \quad (\text{mm}) \tag{1-11}$$

式中　l 仍为计算点至缓和曲线始端（直线端）圆顺起点的长度，若 l 改为计算点至缓和曲线终端（圆曲线端）圆顺起点的长度，则 h_3 可简化表达为：

$$h_3 = h_0 - R_V\left(1 - \cos\frac{l}{R_V}\right) \quad (\text{mm}) \tag{1-12}$$

缓和曲线在平面上仍为三次抛物线：

$$y = \frac{\left(l - \frac{L_y}{2}\right)^3}{6RL_0} \quad (\text{mm}) \tag{1-13}$$

式中　R——平面圆曲线半径。

若以直缓点 ZH 为坐标原点，则：

$$y = \frac{l^3}{6RL_0} \quad (\text{mm}) \tag{1-14}$$

式中　y——计算点的超高值。

综上所述，三次改善型缓和曲线克服了常规三次抛物线型缓和曲线采用直线超高顺坡起终点的立面折角，使其一阶导数为 0，其立面平顺性提高，行车振动减小，乘客乘坐舒适条件改善。由于平立面不匹配产生的未被平衡的加速度及其时变率均在允许范围之内。

三次改善型缓和曲线的长度 L_0 较短，例如按允许超高时变率 45mm/s 计算，设 V_{max}=250km/h，R=4000m，h_0=180mm，则 L_0 为 280m；同一条件下，与其他几种高次型缓和曲线长度 360～560m 相比短很多，折合长度比约为 0.5～0.78。考虑到我国具有养护三次抛物线型的丰富经验，三次改善型缓和曲线与之相近，平立面线型简单，长度较短，便于测设、养护、维修，故京沪高速铁路宜采用超高圆顺三次抛物线型缓和曲线。

5. 平面曲线的连接

主要是确定夹直线、圆曲线的最小长度标准。该长度主要基于振动衰减理论。即在 ZH、HY 或 YH、HZ 点产生的振动在到达下一点处消失或不致叠加。其长度应满足：

$$L \geqslant \frac{V}{3.6} \cdot n \cdot t \quad (\mathrm{m}) \tag{1-15}$$

式中　n——车辆振动衰减数；

　　　t——振动周期，s。

该长度标准，日本为 100～150m，法国为 150m，德国为 0.4～0.6V，英国为 0.5V。

当时我国尚无高速旅客列车，n 和 t 的取值国内尚无依据，根据铁科技函［1993］395 号文的规定，此两项长度标准按 0.5V 计算，京沪高速铁路 V_{max} 预留 350km/h 及困难 250km/h 地段该长度标准分别为 180m 及 130m。

6. 线间距标准

高速铁路两线之间的线间距和安全距离主要是根据车体宽度、高速列车通过时的非定常流场特性以及高速列车相向运行时的空气动力学特性确定的，后两项必须应用空气动力学理论结合模型试验和现场运行试验研究来确定需要的最小线间距和安全距离。鉴于当时我国对高速列车空气动力学的研究尚处在起步阶段，参考国外如日本、法国、德国等国资料，车体宽度为 2.8～3.38m，速度为 240～350km/h，采用线间距为 4.2～4.7m，两列车内侧间距为 0.92～1.7m。京沪高速铁路线间距本阶段暂按 4.5m 考虑。另据中国铁道科学研究院专题组对京沪高速按 350km/h 补充线路技术条件意见：车体宽 2900mm，线间距 4.5m；车体宽 3100mm，线间距 4.7m。同时参考德国资料，考虑两列车在区间及隧道中会车状态及线路维修作业的安全性等因素，确定采用线间距 4.7m，认为速度增加到 350km/h 时，也不用增大线间距，但必须提高车辆的气密性。因此，京沪高速铁路线间距标准，还有待下阶段选定车型并进一步研究后方可确定（补充说明：2014 年发布的《高速铁路设计规范》TB 10621—2014 已明确规定：对应速度规模 350km/h、300km/h、250km/h 的线间距分别为 5m、4.8m、4.6m）。

7. 纵断面设计及平、纵断面元素结合相关标准

（1）区间线路纵断面设计

京沪高速铁路沿线大部分地形平坦，线路坡度平缓，仅在局部地形起伏较大的区段，或为了满足立交跨越净高要求和减少大桥、高路堤工程需要，充分利用 12‰最大坡度，个别困难地段经技术经济比较可采用最大 15‰坡度，但为了保证列车速度不致降低过多，对其坡长有所限制，一般不得大于 3km。

最小坡段长度，在相邻两竖曲线不重叠的条件下不应短于半个列车长度，京沪高速铁路采用 400m。

与以货运为主的常规铁路不同，高速铁路最大坡度可不考虑曲线阻力折减，这主要是基于高速铁路使用的新型电动车组功率很大，而旅客列车质量又远低于货物列车质量，坡度已不是控制牵引质量的因素的缘故（坡度和曲线阻力只是影响行车速度）；同

理，相邻坡段最大坡度差也可不作限制，但在变坡点处必须加以较大半径的圆曲线型竖曲线连接，以确保车轮不致掉轨（凸形变坡点处）和满足行车平顺及乘客乘坐舒适度的需要。

(2) 站坪坡度及长度

站坪一般设在平坡或坡度不大于1‰的坡道上；困难时坡度不大于2.5‰；会越站可设在能保证列车启动的坡道上。

车站到发线有效长度按中速旅客列车编组20辆计算，采用650m。站坪长度根据到发线有效长度、牵引动力、道岔类型和信号机类型等有关因素确定，中间站的站坪长度一般不小于2000m（不含竖曲线切线长）；客运站的站坪长度则根据车站规模及布置形式具体设计确定。

(3) 竖曲线半径

高速铁路的竖曲线半径 R_{SH}，主要由高速列车通过变坡点时的乘客乘坐舒适度控制，高速列车以速度 V_{max} 运行于半径为 R_{SH} 的竖曲线上时，作用于车辆上的竖向加速度为：

$$a_{SH}=\frac{V_{max}^2}{3.6R_{SH}}\quad (m/s^2) \tag{1-16}$$

目前各国允许的竖向加速度根据使用车辆的性能不同而不同。日本东海道新干线为0.05g（g为重力加速度9.8m/s²），其他新干线为0.03g；法国TGV线路为0.02g；意大利使用摆式车体为0.25g；德国则为0.02g、0.03g（既有线改造、客货混运）；英国为0.03g。按200～300km/h速度相应要求的竖曲线半径 R_{SH} 为10000～25000m。

在我国，对高速列车运行于竖曲线上时作用于车辆和乘客感受到的竖向加速度还有待开展试验研究，方能提出适合我国国情的期望值和限值，并据此确定合理的竖曲线半径。京沪高速铁路可研报告阶段，根据铁科技函［1993］395号文的规定，拟采用设计速度V=350km/h，竖曲线半径 R_{SH}=25000m；V=300km/h，R_{SH}=20000m；困难地段 R_{SH}=15000m。

设置竖曲线的起始坡度差，常规Ⅰ、Ⅱ级铁路为>3‰，对高速铁路要求严格些，暂定为1‰。

(4) 平、纵断面元素结合以及与其他线路结构的结合

平、纵断面元素结合有圆曲线和竖曲线的结合、缓和曲线和竖曲线的结合；平、纵断面与其他线路结构的结合有上列各个平、纵断面元素分别和道岔、桥梁、桥台背后一段距离及无缝轨道接头等线路结构的结合等。

国外高速铁路对这些结合状态能否结合以及需要什么条件或措施才能结合的具体标准，从对线路、桥梁、道岔、伸缩接头等的维修养护的影响以及列车运行中的乘客乘坐舒适度等方面，都是经过系统和综合研究确定的。

当时我国高速铁路在这方面的研究几乎还是空白，京沪高速铁路可研报告阶段按铁科技函［1993］395号文的规定：竖曲线不可与竖曲线、缓和曲线及道岔重叠设置；竖曲线与平面圆曲线允许重叠，但对平面圆曲线半径R有一定要求，行车速度为250km/h地段，R≥3500m；行车速度为350km/h地段，R≥6500m。

另外，为了减振降噪，高速铁路桥梁一般均采用有碴桥面结构，桥上坡度可不作限制，但其变坡点坡度差值，笔者认为应当控制在桥上道床对竖曲线抬降值可能调整的限度内。

8. 相关线路主要技术标准

相关线路主要指高速铁路上的中速列车为进出既有客站或为跨线运行引入相邻既有铁路的联络线，还有北京、上海终点站及其他枢纽大站与配置的机车车辆段、工务等维修基地之间的线路等。其技术标准如何考虑，当时尚缺乏资料。笔者认为，主要应从这两类线路的运营性质并结合工程因素综合考虑。前者为高速线与既有线之间的联络线，运营属正线性质，但中速列车的运行速度实际受既有铁路技术条件限制，故其线路平、纵断面主要技术标准可比照相关既有线标准。后者则为进出段、基地的机辆走行线，属站线性质，但对于高速铁路它又有其不同于常规铁路的特点。其段址、基地位置因受城市布局控制往往距离车站较远，如京沪高速铁路最近的6km，最远的达14km，即机辆走行距离较长，为缩短往返时间、提高机辆使用效率，其运行速度不宜太低，一般可考虑80～100km/h，速度再高则因受出入站、段起停车加减速制约已无实际意义。据此建议其线路平、纵断面主要标准为：最小曲线半径区间为400～600m；与站、段邻近的加减速地段可选用与速度及地形相适应的较小曲线半径。最大坡度则可大于高速正线标准，因其为空车，速度也低，充分利用较大坡度可有效克服站、段间的高程差和满足立交跨越净高要求，从而显著减少线、桥等土建工程投资，建议最大坡度采用25‰～30‰。其他如缓和曲线、竖曲线及超高设置等技术条件，因是空车已不存在乘客乘坐舒适度的要求，故参照常规铁路标准设计即可。

9. 结论及建议

（1）最高速度目标值

近期高速250km/h，匹配中速140km/h。

远期高速350km/h，匹配中速160km/h。

（2）线路最大坡度

12‰，困难地段15‰。

（3）最小曲线半径

一般为4000m，预留350km/h区段不小于6000m。枢纽范围内及利用既有铁路引入既有客站地段，经技术经济比较可因地制宜选用较小半径曲线或保留既有小半径曲线。

（4）缓和曲线线型

超高圆顺三次抛物线型缓和曲线，待进一步研究确定。

（5）线间距

建议待车型选定并经有关试验研究后确定。

（6）相关线路主要技术标准

最高速度80～100km/h；最小曲线半径400～600m，邻近站端可采用与行车速度及地形条件相适应的较小曲线半径；最大坡度25‰～30‰。其他参照常规铁路标准设计即可。

（7）建议科研部门对高速铁路因舒适度要求而影响线路技术标准的各要素进行系统研究，如超高及其未被平衡的加速度限值，线间距中因高速运行时空气动力学特性对安全距离的要求，平、纵断面诸元素结合的相关标准等，均需通过试验研究提出适合我国国情、路情的参数，作为合理确定我国高速铁路线路主要技术标准的依据。

最后说明一点：本章原文曾刊载于《铁道标准设计》1994 年第 10 期，当时尚处在我国第一条高速铁路京沪线技术攻关和设计研究阶段，现已由国家铁路局正式发布了高速铁路设计规范，本次纳入本书时文字上做了相应调整。具体工程设计应以现行行业标准《高速铁路设计规范》TB 10621 为准。

第 2 章　高速铁路缓和曲线长度设计研讨

高速铁路缓和曲线长度是高速铁路平面设计的主要参数之一。缓和曲线必须具有足够的长度，以保障高速列车运行安全和乘客乘坐舒适度的要求；若其长度过长，则限制了线位选择和纵断面设置变坡点的灵活性，引起工程投资的增大。由此可见，如何合理确定缓和曲线长度标准是值得认真探讨的问题。下面结合我国第一条高速铁路京沪线工程进行研讨。

1. 缓和曲线线型及长度

京沪高速铁路仍采用三次抛物线型缓和曲线。设计高速铁路缓和曲线长度主要考虑下列两个条件：

（1）乘坐舒适度允许的未被平衡横向加速度时变率（即欠超高时变率限值）要求的缓和曲线长度 L_1：

$$L_1 \geqslant \frac{V_{max}}{3.6} \cdot \frac{h_q}{[\beta]} \quad (m) \tag{2-1}$$

式中　V_{max}——设计最高速度（或该曲线限制速度），km/h；

h_q——圆曲线设计欠超高，mm；

$[\beta]$——乘客乘坐舒适度允许的欠超高时变率限值，mm/s；一般条件下取 22.5mm/s，困难条件下取 37.5mm/s。

（2）乘坐舒适度允许的车体倾斜角速度（即超高时变率限值）要求的缓和曲线长度 L_2：

$$L_2 \geqslant \frac{V_{max}}{3.6} \cdot \frac{h}{[f]} \quad (m) \tag{2-2}$$

式中　h——圆曲线设计超高，mm；

$[f]$——超高时变率限值，mm/s；一般条件下取 25.25mm/s，困难条件下取 30.86mm/s。

上述 $[\beta]$、$[f]$ 参数的取值均系中国铁道科学研究院“八五”课题研究成果。设计缓和曲线长度取公式（2-1）和公式（2-2）中之大值并取整为 10m 的整倍数。

经计算分析，对高速铁路而言，均以公式（2-2）的计算值控制缓和曲线长度。

将 $[f]$ 值代入公式（2-2）得：

一般条件：
$$L_2 \geqslant 11 \times 10^{-3} V_{max} \cdot h \quad (m) \tag{2-3}$$

困难条件：
$$L_2 \geqslant 9 \times 10^{-3} V_{max} \cdot h \quad (m) \tag{2-4}$$

从公式（2-3）和公式（2-4）可以看出，对某一条曲线而言，V_{max} 为定值，故影响缓和曲线长度的要素只是 h，即设计超高（或实设超高）的取值，h 取值越大，则缓和曲线越长，反之则越短。

2. 设计超高 h 的合理取值及其检算

（1）设计超高有关参数的规定

针对京沪高速铁路运行模式初期为高、中速 300km/h 和 160km/h 共线运行，远期为

350km/h 全高速运行的要求，设计超高的有关参数根据中国铁道科学研究院“八五”课题研究成果规定如下：

1）最大超高 h_{max} 由列车停在曲线上的乘客乘坐舒适度要求控制，取 180mm。

2）欠超高允许值 $[h_q]$、过超高允许值 $[h_g]$ 取决于乘客乘坐舒适度要求，其取值列于表 2-1。

欠超高、过超高限值（mm）　　**表 2-1**

舒适度评价	$[h_q]$	$[h_g]$
良好	40	40
一般	80	80
较差	110	110

3）$[h_q+h_g]$ 的取值：高、中速共线运行，一般条件下取 110mm，困难条件下取 140mm。

4）$[h+h_q]$ 的取值：全高速运行，一般条件下取 220mm，困难条件下取 260mm。

（2）设计超高 *h* 取值及其检算

1）300km/h 和 160km/h 高、中速共线运行曲线设计超高 h 取值及其检算

高、中速列车共线运行在半径为 R、超高为 h 的曲线上时，应满足如下关系：

$$h=(11.8V_G^2/R-h_q)\geqslant(11.8V_G^2/R-[h_q])\quad(\text{mm})\qquad(2\text{-}5)$$

$$h=(11.8V_Z^2/R+h_g)\leqslant(11.8V_Z^2/R+[h_g])\quad(\text{mm})\qquad(2\text{-}6)$$

式中　V_G、V_Z——高、中速列车运行速度，km/h。

而现场实设超高一般是通过列车均方根速度确定的，与按高、中速计算的均衡超高往往有差值 Δh，由此造成列车实际运行中高速产生的 h_q 和中速产生的 h_g，故在确定设计超高 h 时，要为现场适应运输条件变化预留调整实设超高的幅度 Δh，即对 $[h_q+h_g]$ 要留有一定的余量：

$$[h_q+h_g]=[h_q]+[h_g]-\Delta h\qquad(2\text{-}7)$$

Δh 与高、中速列车对数、质量、速度有关，对京沪高速铁路线分析试算得到 Δh 一般为 30～50mm。据此对不同半径的曲线，其实设超高范围、设计超高及其欠、过超高检算见表 2-2。

300km/h 和 160km/h 高、中速共线运行超高设计、检算表　　**表 2-2**

半径（m）	均衡超高（mm）高速/低速	实设超高范围（mm）	设计超高（mm）	过、欠超高（mm）h_g/h_q	过超高检算（mm）$h_g\leqslant[h_g]$	欠、过超高和检算（mm）$h_q+h_g\leqslant[h_q]+[h_g]$
14000	76/22	35～65	65	43/11	43<80	54<110
12000	89/25	40～70	70	45/19	45<80	64<110
11000	97/27	45～75	75	48/22	48<80	70<110
10000	106/30	55～85	85	55/21	55<80	76<110
9000	118/34	55～95	95	61/23	61<80	84<110
8000	133/38	65～105	105	67/28	67<80	95<110
7000	152/43	75～115	115	72/37	72<80	109<110
6000	177/50	90～140	140	90/37	90<110	127<140
5500	193/55	100～150	150	95/43	95<110	138<140

由表 2-2 可见，设计超高采用实设超高范围中的大值，据以按超高时变率条件可设定较长的缓和曲线长度，这是考虑京沪高速铁路初期高、中速共线逐步到远期全高速的运行模式特点，贯彻“高、中共线，以高为主”的设计原则，而且当向高速过渡时，也可避免或减少由于速度增高需要调高超高及延长缓和曲线而引起的线路改建工程及运营干扰。

从表 2-2 还可看出，在半径 7000m 及以上的曲线地段，高、中速列车运行时的欠、过超高值均小于限值 80mm，说明乘客乘坐舒适度均可满足“一般”以上的水平；欠、过超高和为 54～109mm，均小于一般条件下的限值 110mm。当曲线半径小于 7000m 时，显然是线路处在困难条件下的个别地段，其检算值亦均符合困难条件下限值的规定，只是乘客乘坐舒适度也相应较差些。

2）350km/h 全高速运行曲线设计超高 h 取值及其检算

为了使高速列车尽可能有较好的乘坐舒适度，应使高速列车通过曲线的欠超高尽可能小，故在小半径曲线上设计超高应尽可能取实设超高允许的最大值 180mm；在大半径曲线上设计超高取 350km/h 速度对应的均衡超高。困难条件下，为能采用较短的缓和曲线以节省工程费用，可适当增大列车通过时的欠超高，降低实设超高，但采用的实设超高值与上述设计超高值之差不宜大于下述 Δh 值：

$$[h+h_q]=h_{max}+[h_q]-\Delta h \tag{2-8}$$

式中　Δh——现场实设超高预留的变化幅度，一般为 20～40mm。

据此对不同半径的曲线，其实设超高范围、设计超高及其欠超高检算见表 2-3。

350km/h 全高速运行超高设计、检算表　　**表 2-3**

半径（m）	均衡超高（mm）	实设超高范围（mm）	设计超高（mm）		欠超高及检算（mm）		设计超高与欠超高和检算（mm）
			上限	下限	上限	下限	
14000	103	90～65	90	65	13<40	38<40	103<220
12000	120	105～80	105	80	15<40	40=40	120<220
11000	131	115～90	115	90	16<40	41<80	131<220
10000	145	130～105	130	105	15<40	40=40	145<220
9000	161	145～120	145	120	16<40	41<80	161<220
8000	181	165～140	165	140	16<40	41<80	181<220
7000	207	180～145	180	145	27<40	62<80	207<220
6000	241	180～150	180	150	61<80	91<110	241<260
5500	263	180～155	180	155	83<110	108<110	263>260

由表 2-3 可见，对半径在 7000m 及以上的曲线，当设计超高采用实设超高上限值时，欠超高为 13～27mm，小于限值 40mm，乘坐舒适度“良好”；当设计超高采用实设超高下限值时，欠超高为 38～62mm，小于限值 80mm，可满足舒适度“一般”水平以上。设计超高与欠超高和检算均小于一般条件下的限值 220mm。当曲线半径小于 7000m 时，显然只是线路处在困难条件下的个别地段，其欠超高检算值亦小于困难条件下的允许限值，其乘坐舒适度相应稍差些；设计超高与欠超高和检算亦符合困难条件下限值 260mm 的规定，唯半径为 5500m 稍超，如半径加大为 5600m 则可满足要求。

3. 设计缓和曲线长度标准的确定

(1) 设计缓和曲线长度

采用表 2-2、表 2-3 中设计超高值受超高时变率条件控制按公式（2-3）、公式（2-4）计算的设计缓和曲线长度列于表 2-4。

设计缓和曲线长度（m）　表 2-4

曲线半径（m）	缓和曲线长度（m）					
	300km/h 和 160km/h 高、中速共线运行		350km/h 全高速运行			
	一般	困难	上限		下限	
			一般	困难	一般	困难
14000	220	180	350	290	250	210
12000	240	190	410	330	310	260
11000	270	220	450	370	350	290
10000	290	230	500	410	410	330
9000	320	260	560	460	470	380
8000	350	290	640	520	540	450
7000	380	320	700	570	560	460
6000	470	380	700	570	580	480
5500	500	410	700	570	600	490

(2) 高速区段缓和曲线长度的确定

同前所述，为适应京沪高速铁路近期高、中速共线运行，远期全高速运行的要求，避免因增速需延长缓和曲线而引起线路改建工程及运营干扰，设计和实设缓和曲线长度应取表 2-4 中的大值，列于表 2-5。

高速区段缓和曲线长度　表 2-5

曲线半径（m）	缓和曲线长度（m）		
	较长	一般	困难
14000	350	290	210
12000	410	330	260
11000	450	370	290
10000	500	410	330
9000	560	470	380
8000	640	540	450
7000	700	570	460
6000	700	580	480
5500	700	600	490

(3) 曲线限速地段缓和曲线长度的确定

铁路选线、定线设计时，在受地形、地物等各种条件控制的困难地段，往往只能采用较小半径的曲线，曲线地段的行车速度也受到限制，其缓和曲线长度应和曲线半径、行车速度相适应。对 5500m 以下的小半径曲线，按客运专线困难条件下的相关参数计算曲线限制的最高速度，半径越小，行车速度越低，直至趋于常规铁路运行速度，故可考虑适当降低舒适度相关参数限值，据此计算出曲线限速地段缓和曲线长度列于表 2-6。

曲线限速地段缓和曲线长度　　表 2-6

曲线半径（m）	缓和曲线长度（m）		曲线半径（m）	缓和曲线长度（m）	
	一般	困难		一般	困难
5000	550	450	1500	270	220
4500	520	420	1200	240	200
4000	490	400	1000	220	180
3500	460	380	800	200	160
3000	420	350	700	180	150
2500	370	300	600	170	140
2000	310	250	500	150	120

设计缓和曲线长度，应根据曲线半径、行车速度，结合地形条件及工程情况按表 2-5、表 2-6 合理选用，有条件时宜选用较长的缓和曲线。

4. 结论及建议

表 2-5、表 2-6 所列缓和曲线长度标准是依据已经审定的中国铁道科学研究院“八五”课题研究成果编制的，并已纳入部颁项目《京沪高速铁路线桥隧站初步设计暂行规定》（报批稿）待批，为适应设计急需，可在京沪高速铁路线初步设计中参考使用。

鉴于我国当时尚无高速铁路的建设、运营实践经验，影响缓和曲线长度合理取值的相关参数国内还缺乏必要的试验验证，另外曲线限速地段如速度 200～160km/h 及以下地段，其缓和曲线长度标准与其相应规范中的标准如何接轨等，都是有待进一步研究的问题，建议科研、设计、运营部门的同行、专家们广泛进行深入研究探讨，共同努力尽快制定出符合我国国情、路情的高速铁路缓和曲线长度标准。

自从我国第一条高速铁路京沪高速铁路于 2011 年建成运营以来，短短几年内我国高速铁路得到飞速发展，现已建成全球最大的高速铁路网。随着我国高速铁路工程建设、运营实践经验的积淀、高速铁路基础理论及应用技术的研究、综合实验成果的应用，我国高速铁路技术日趋标准化，工程设计也逐步规范化，在几经“设计暂行规定”探索版本后，于 2014 年 12 月首次由国家铁路局正式发布了《高速铁路设计规范》TB 10621—2014，该规范对高速铁路缓和曲线长度标准已作出明确规定，分别按高速地段、限速地段列出了适应不同半径曲线的缓和曲线长度标准，详见第 3 章中表 3-4、表 3-5，设计应遵照执行。

最后说明一点：本章原以题名“京沪高速铁路缓和曲线长度标准问题研讨”刊载于《铁道标准设计》1997 年第 12 期，当时尚处在我国第一条高速铁路京沪线技术攻关和设计研究阶段，现已由国家铁路局正式发布了高速铁路设计规范，本次纳入本书时，做了较大修改调整。具体工程设计应以现行《高速铁路设计规范》TB 10621—2014 为准。

第 3 章　高速铁路线路设计

高速铁路是国家铁路网中的主干线路，高速铁路建设是一项庞大的系统工程，线路是构建各项工程和技术装备的最终载体，高速铁路线路的规划布局如线路起讫点、走向、路径等大方案决策，关系到建设项目的工程、运营技术经济合理性及项目整体效果，线路平、纵断面设计直接影响列车运行平稳性及乘客乘坐舒适度，高速铁路设计必须首先做好线路设计。

随着我国高速铁路建设的飞速发展和工程运营实践经验的积淀，我国高速铁路设计也日趋标准化，在几经"设计暂行规定"探索版本后，于 2014 年 12 月首次由国家铁路局发布了《高速铁路设计规范》TB 10621—2014（以下简称《规范》)。《规范》全面反映了我国高速铁路基础理论研究、应用技术研究、综合实验成果应用等多方面的巨大成就，是高速铁路建设最基本、最重要的行业标准，它涵盖了不同速度等级、不同速度列车共线运行、适应不同自然环境（冻土、黄土等）的高速铁路设计标准，是我国乃至世界上首部系统完整、内容全面的高速铁路设计规范，给高速铁路工程设计提供了充分依据。

1. 选线设计

高速铁路线路选择是一项涉及面很广的复杂工作，应从规划、环保、地质、工程等多方面进行综合选线，并遵循以下基本原则。

(1) 规划选线

符合铁路网规划。经国务院批准的中长期铁路网规划是铁路选线的基本框架，高速铁路是构成基本框架的主干线路。高速铁路选线应服从国家战略的需要，服从国民经济发展的需要，从运输结构合理出发，考虑铁路建设与沿线经济发展的关系、近远期的关系；重要政治经济站点经由的选择应与国家规划相符合，行经主要城市吸引客流，方便旅客出行，以期发挥铁路交通建设应有的社会、政治、经济等作用，满足国家规划建设需要。

高速铁路的走向与布局既要符合铁路网规划，又要与地方规划有机配合，与城市总体规划、其他交通方式、农田水利和其他工程建设相协调，做到布局合理。使铁路建设与地方建设协调发展，最大限度地提高社会效益。高速铁路选线应充分利用既有交通走廊，如和线路走向基本一致的既有铁路、高速公路等，特别是引入城市地区，更要充分利用既有交通走廊，以减少对城市的分割和拆迁工程量，节约土地资源。

(2) 环保选线

符合环境保护、水土保持、土地节约及文物保护的要求。选线需绕避自然保护区、饮用水源保护区、国家重点文物保护单位等环境敏感区；必须经过环境敏感区时，需符合有关法律、法规的规定，并采取适宜的减缓不利影响的工程措施；通过城市或居民集中地区时，需采用适宜的速度目标值或减振降噪措施，以满足国家环境保护标准和要求。路基边坡采用绿色植物与工程相结合的防护措施，并兼顾美观与环保、水保等要求，注意保护生态环境。

(3) 地质选线

高速铁路选线、定线要绕避各类不良地质体，无法绕避时应做好工程整治措施，保障运营安全。我国地域广阔，各区域地质条件差异巨大，尤其是西南地区地质条件极其复杂，无法做到完全绕避各类不良地质体时，要在详细地质勘察的基础上做好工程整治措施，确保运营安全。铁路选线设计需充分考虑不良地质和特殊岩土的影响，工程类别需结合各类不良地质、特殊岩土的特点和要求合理选择，并符合铁路工程地质勘察相关规程的要求。

地面沉降对高速铁路特别是无砟轨道的影响较大，由于地面沉降具有缓慢沉降、影响范围广的特点，直接影响列车运行的平顺性。选线时需根据拟建铁路的实际情况，绕避对铁路影响大的地面沉降区。对无法绕避的地面沉降区，最好能沿地面沉降等值线通过，并采取有效的防沉降工程措施，保障列车运行的平顺性，减少轨道维修工作量。

冻土地区选线。季节性冻土地区由于路基经受周期性冻融循环作用，造成土体强度弱化，路基产生不均匀变形，破坏轨道的平顺性，线路养护维修工作量繁重，甚至危及行车安全。

冻土地区线路尽量选在坡度较缓、地表干燥、向阳的地段。线路通过山岳丘陵地区时，宜选择在融冻坡积层缓坡的上部。隧道尽量避免穿过地下水发育的地层。车站，特别是大型车站尽量选择在非融沉土的地带。

冻土地区路基优先采用路堤形式，少用路堑，并注意减少零断面及低路堤。路堤最小高度需根据不同地区、填料种类、不同地温分区综合确定。对于特殊土路堑、地下水位较高地段的路堑需采用路堤式路堑。

(4) 工程选线

根据确定的经济据点及接轨点，区间线路走向力求短、顺、直，以缩短线路长度，节省工程投资，减少旅客乘车时间。要注重优化线路平、纵断面，绕避不良地质和复杂地形，合理确定工程类型，统筹考虑边坡防护及防排水工程，做好工程方案比较。

(5) 高速铁路定线

高速铁路定线设计应结合沿线自然条件与工程条件，并遵循下列原则：

1）线路空间曲线应按列车运行速度及速差设计，按线路不同地段的实际行车速度采用相应的技术标准。

2）路基、桥涵及隧道等工程类型选择应经综合技术经济比选后确定。路基工程应避免高填、深挖和长路堑，特殊岩土、不良地质区段应严格控制路基填挖高度。

3）路基与桥梁的分界高度应根据地质条件及地基处理措施、填料性质及运输距离、当地土地资源、建筑物拆迁、城镇交通要求等情况进行综合技术经济比较确定。

4）高速铁路与其他铁路、公（道）路平行地段的间距应结合技术要求、安全防护和养护维修等因素综合分析确定。

5）高速铁路与其他铁路、公（道）路交叉应按全立交设计，并符合“3. 线路纵断面设计”第（10）条的有关规定。

6）应综合布置动车段（所）、综合维修基地，并预留远期发展条件。

(6) 高速铁路客运站的设计原则

1）引入铁路枢纽应与城市总体规划及铁路枢纽总图规划相协调。

2）枢纽内客运站的数量应根据枢纽客运布局、枢纽客运量、引入线路数量、客车开行方案及既有设备配置等因素综合确定。

3）枢纽内有两个及以上客运站时，客运站的分工应根据客车径路顺畅、点线能力协调、旅客乘降方便等原则，按引入方向、客车类别、客车开行方案等确定。

4）客运站选址应满足运输需求并与城市规划相协调，考虑地形地质条件、既有建筑物拆迁、土地资源开发和城市发展等因素，经综合比选后确定。

5）客运站应考虑与城市交通系统相协调，方便旅客换乘。

6）车站分布应根据城市分布、客流量、运输组织、设计输送能力及养护维修、救援等技术作业要求，结合工程条件等因素综合研究确定，站间距宜为30～60km。

2. 线路平面设计

线路平面设计应根据行车速度和乘客乘坐舒适度要求，并结合沿线自然地形、地物及工程条件，进行综合考虑，并符合整体技术经济合理性要求。

线路设计标准应按不同地段相应的行车速度确定，如：

采用路段设计速度地段的线路设计标准应与该路段设计速度相匹配。

全部列车均停站的车站两端减加速地段，线路设计可采用与行车速度相适应的标准。

部分列车停站的车站两端减加速地段，根据通过列车与停站列车的速差条件，采用相适应的技术标准，以满足舒适度要求，线路设计宜采用通过列车不限速的设计标准。

（1）最小曲线半径

最小曲线半径是线路设计的主要技术标准之一。它与铁路运输模式、速度目标值、乘客乘坐舒适度等有关。

高速铁路的运输模式包括不同速度等级（即高速与低速）列车共线运行和单一速度等级（即高速）列车运行两种。最小曲线半径既要满足单一高速列车设计速度350km/h、300km/h、250km/h的要求，又要满足高、低速列车共线运行条件的速差要求。

速度目标值：高、低速列车共线运行时，高速列车的速度目标值即为高速铁路的设计速度，《规范》定为350km/h、300km/h、250km/h。低速列车的设计速度不低于160km/h。

最大设计超高、欠超高、过超高的允许值：根据乘客乘坐舒适度要求，并考虑轨道结构特点，据此合理确定最小曲线半径、缓和曲线长度等平面技术标准，并满足工程设计技术经济合理的要求。

关于最小曲线半径的理论分析计算可参阅本篇第1章相关内容，或详见《规范》相关条文说明。

（2）正线平面曲线半径应因地制宜、合理选用，并符合下列规定：

1）与设计速度匹配的平面曲线半径应符合表3-1的规定。

平面曲线半径　　**表3-1**

设计速度（km/h）	最小值（m）				最大值（m）
	有砟轨道		无砟轨道		
	一般	困难	一般	困难	
350	7000	6000	7000	5500	12000

续表

设计速度（km/h）	最小值（m）				最大值（m）
	有砟轨道		无砟轨道		
	一般	困难	一般	困难	
300	5000	4500	5000	4000	12000
250	3500	3000	3200	2800	12000

注：1. 困难最小值应进行技术经济比选后采用。
2. 车站两端减加速地段的最小曲线半径应结合行车速度合理选用。

2）限速地段曲线半径应符合表 3-2 的规定。

限速地段曲线半径　　表 3-2

行车速度（km/h）	一般最小值（m）	困难最小值（m）
200	2200	2000
160	1600	1400
120	1000	800
80	600	400

注：困难最小值应进行技术经济比选后采用。

（3）正线不应设计为复曲线，以避免由于其曲率的不均匀变化降低列车运行的平稳性和乘客乘坐舒适度，也可减少测设、施工及养护维修困难。

（4）区间正线宜按线间距不变的并行双线设计，并设计为以线路左线中心线为基准的同心圆。

（5）线间距设计

线间距是指相邻两股道中心线之间的最小距离，高速铁路主要受到列车交会运行的气动力作用控制，要满足列车承受会车压力波的要求。线间距设计应符合下列规定：

1）区间正线线间距应符合表 3-3 的规定，曲线地段按建筑限界加宽检算可不加宽。

区间正线线间距　　表 3-3

设计速度（km/h）	最小线间距（m）
350	5.0
300	4.8
250	4.6

2）正线与联络线、动车组走行线并行地段的线间距，应根据相邻线路的行车速度、高程关系、线间各种建（构）筑物以及养护维修条件综合确定，且不应小于 5.0m。

3）正线与既有铁路并行地段的线间距不应小于 5.3m。两线不等高或线间设置有其他设备时，最小线间距应根据相关技术要求计算确定。

4）隧道双洞单线地段两线线间距应根据地质条件、隧道结构及防灾与救援要求综合分析研究确定。

（6）缓和曲线设计

缓和曲线是线路平面设计中的重要参数之一。为使列车安全、平稳、舒适地由直线过渡到圆曲线或由圆曲线过渡到直线，需在直线与圆曲线之间设置一定长度的缓和曲线。对于高速铁路而言，由于乘客乘坐舒适度要求较高，因而对缓和曲线的设置要求也更为严格。

《规范》规定，直线与圆曲线之间应采用三次抛物线型缓和曲线连接。缓和曲线的长度应根据设计速度、曲线半径和地形条件按表 3-4、表 3-5 合理选用。

关于缓和曲线的线型选择及缓和曲线长度标准理论分析计算，可参阅本篇第 2 章相关内容，或详见《规范》相关条文说明。

缓和曲线长度（m）　　**表 3-4**

曲线半径（m）	设计速度（km/h）								
	350			300			250		
	(1)	(2)	(3)	(1)	(2)	(3)	(1)	(2)	(3)
12000	370	330	300	220	200	180	140	130	120
11000	410	370	330	240	210	190	160	140	130
10000	470	420	380	270	240	220	170	150	140
9000	530	470	430	300	270	250	190	170	150
8000	590	530	470	340	300	270	210	190	170
7000	670 680*	590 610*	540 550*	390	350	310	240	220	190
6000	670 680*	590 610*	540 550*	450	410	370	280	250	230
5500	670 680*	590 610*	540 550*	490	440	390	310	280	250
5000	—	—	—	540	480	430	340	300	270
4500	—	—	—	570 585*	510 520*	460 470*	380	340	310
4000	—	—	—	570 585*	510 520*	460 470*	420	380	340
3500	—	—	—	—	—	—	480	430	380
3200	—	—	—	—	—	—	480	430	380
3000	—	—	—	—	—	—	480 490*	430 440*	380 400*
2800	—	—	—				480 490*	430 440*	380 400*

注：1.（1）、（2）、（3）分别对应超高时变率 $f=25$mm/s、$f=28$mm/s、$f=31$mm/s。
2. * 表示曲线设计超高 175mm 时的取值。

限速地段缓和曲线长度（m）　　**表 3-5**

曲线半径（m）	设计速度（km/h）							
	200		160		120		80	
	(1)	(2)	(1)	(2)	(1)	(2)	(1)	(2)
12000	80	70	50	40	20	20	—	—
11000	80	70	50	40	20	20	—	—
10000	90	80	50	40	20	20	—	—
9000	100	80	60	50	30	30	—	—
8000	110	90	60	50	30	30	20	20
7000	130	100	70	50	40	30	20	20

续表

曲线半径（m）	设计速度（km/h）							
	200		160		120		80	
	(1)	(2)	(1)	(2)	(1)	(2)	(1)	(2)
6000	150	120	70	60	40	30	20	20
5500	170	140	80	70	40	30	20	20
5000	180	150	90	80	40	40	20	20
4500	200	160	100	80	50	40	20	20
4000	230	180	120	100	50	40	20	20
3500	260	210	130	100	60	50	20	20
3200	280	230	140	120	60	50	20	20
3000	300	250	160	130	60	50	30	20
2800	330	260	160	130	70	60	30	20
2500	340	270	180	150	80	60	30	30
2200	360	290	200	160	80	70	30	30
2000	360	290	230	180	100	80	40	30
1900			240	190	100	80	40	30
1800			250	210	100	90	40	30
1600			270	220	120	100	40	40
1500			290	230	120	100	50	40
1400			290	230	140	110	50	40
1300					140	120	50	40
1200					160	130	60	50
1100					170	140	60	50
1000					190	160	70	60
900					200	170	80	60
800					200	170	80	70
700							100	80
600							110	90
550							110	90
500							120	90
450							130	110
400							140	110

注：(1)、(2) 分别对应超高时变率 $f=25\text{mm/s}$、$f=31\text{mm/s}$。

（7）两相邻曲线间的夹直线和两缓和曲线间的圆曲线最小长度受列车运行平稳和乘客乘坐舒适度要求控制，根据车辆通过缓直点、直缓点车辆振动不叠加理论分析确定。应按公式（3-1）、公式（3-2）计算长度，并符合表 3-6 的规定。

一般条件下：

$$L \geqslant 0.8v \tag{3-1}$$

困难条件下：

$$L \geqslant 0.6v \tag{3-2}$$

式中　L——夹直线或圆曲线长度，m；

v——设计速度，km/h。

夹直线或圆曲线最小长度　　　　表 3-6

设计速度（km/h）	夹直线或圆曲线最小长度（m）	
	一般	困难
350	280	210
300	240	180
250	200	150

注：括号内为困难条件下的最小值。

（8）连续梁、钢梁及较大跨度的桥梁宜设在直线上，困难条件下经技术经济比选可设在曲线上。

（9）隧道宜设在直线上，困难条件下可设在曲线上，但不宜设在反向曲线上。

（10）站坪长度应根据远期车站布置要求确定。

（11）车站平面设计应符合下列规定：

1）始发站设在直线上。困难条件下设在曲线上时，曲线半径不应小于相应路段设计速度的最小曲线半径，且不得小于 600m。

2）中间站、越行站应设在直线上。

3）咽喉区正线应设在直线上。

（12）正线上的道岔与缓和曲线间的直线段长度根据公式（3-3）、公式（3-4）计算确定，并符合表 3-7 的规定。

一般条件下：
$$L \geqslant 0.6v \tag{3-3}$$

困难条件下：
$$L \geqslant 0.5v \tag{3-4}$$

式中　L——直线段长度，m；

v——设计速度，km/h。

正线上的道岔与缓和曲线间的直线段最小长度　　　　表 3-7

设计速度（km/h）	直线段最小长度（m）	
	一般	困难
350	210	170
300	180	150
250	150	120

（13）动车组走行线设计应符合下列规定：

1）设计速度不宜大于 120km/h。

2）平面曲线半径不宜小于 800m，困难条件下不应小于 300m。

3）双线直线地段最小线间距不应小于 4.0m，曲线地段加宽应根据车体偏移和内、外侧线路超高差计算确定。

平面曲线引起的车体几何偏移加宽值可按表 3-8 查取。

平面曲线引起的车体几何偏移加宽值　　　　表 3-8

曲线半径（m）	加宽值（mm）	曲线半径（m）	加宽值（mm）	曲线半径（m）	加宽值（mm）
12000～5000	0	4000	25	3600	25
4500	20	3800	25	3500	25

续表

曲线半径（m）	加宽值（mm）	曲线半径（m）	加宽值（mm）	曲线半径（m）	加宽值（mm）
3400	25	2200	40	1100	80
3300	30	2100	40	1000	85
3200	30	2000	45	900	95
3100	30	1900	45	800	110
3000	30	1800	50	700	125
2900	30	1700	50	600	145
2800	35	1600	55	500	170
2600	35	1500	60	400	215
2500	35	1400	60	300	285
2400	35	1300	65		
2300	40	1200	70		

竖曲线外轨超高造成的车体横向偏移量，应根据内、外侧线路超高差计算确定，当外侧线路超高大于内侧线路超高时，可依据国铁相关规定按公式（3-5）计算确定该项偏移量，圆曲线地段线间距加宽值为以上两项偏移量之和；其他情况如外侧线路超高等于、小于内侧线路超高时，车体倾斜不影响线间距，无须计算。

$$W_{h} = (h_{w} - h_{n})\frac{H}{1500} \tag{3-5}$$

式中　W_h——超高引起的偏移量，mm；

h_w——外侧线路超高，mm；

h_n——内侧线路超高，mm；

H——自轨面至车辆限界计算点的高度，mm。

4）最小缓和曲线长度宜按表 3-5 合理选用，困难条件下可计算确定并满足超高顺坡率不大于 2‰的要求。

5）最小圆曲线及夹直线长度不宜小于 50m，困难条件下不应小于 25m。

3. 线路纵断面设计

（1）最大坡度

最大坡度是线路主要技术标准之一，它对线路的走向、长度、工程投资、运营费用、牵引质量及输送能力都有较大的影响。高速铁路采用大功率、轻型动车组，牵引和制动性能优良，能适应大坡度运行。最大坡度不考虑曲线半径和隧道坡度折减。

《规范》规定：区间正线的最大坡度不宜大于 20‰，困难条件下经技术经济比较后不应大于 30‰。动车组走行线的最大坡度不宜大于 30‰，困难条件下不应大于 35‰。

（2）坡段长度

坡段长度较长，有利于列车运行平稳性，而较短的坡段可较好地适应地形，减少工程投资，故确定最小坡段长度时，两者需合理兼顾。

《规范》规定：最小坡段长度应按公式（3-6）计算确定且取为 50m 的整倍数，并符合下列规定：

$$l_{p} = (\Delta i_{1} + \Delta i_{2})/2 \times R_{sh} + 0.4v \tag{3-6}$$

式中 l_p——最小坡段长度，m；

Δi_1、Δi_2——坡段两端坡度差，‰；

v——设计速度，km/h；

R_{sh}——竖曲线半径，m。

1）正线宜设计为较长的坡段，最小坡段长度一般条件下不应小于900m，困难条件下不应小于600m，列车全部停站的车站两端不应小于400m。适当采用最小坡段长度，有利于提高工程设计的技术经济合理性。

2）最小坡段长度不宜连续采用，困难条件下不应连续采用，以避免列车运行中的频繁起伏，影响乘客乘坐舒适度。

3）动车组走行线最小坡段长度不宜小于200m，且竖曲线不应重叠。

（3）最大坡度的坡段长度要根据行车计算分析有所限制。最大设计坡度采用15‰时，坡段长度不宜大于10km；最大设计坡度采用20‰时，坡段长度不宜大于6km；最大设计坡度采用25‰时，坡段长度不宜大于4km；最大设计坡度采用30‰时，坡段长度不宜大于3km。最大设计坡度的坡段长度应进行行车检算。

（4）坡段间的连接与竖曲线设置规定

相邻坡段的坡度差：其允许的最大值，普通铁路主要由保证货物列车运行不断钩这一安全条件确定。由于客运专线旅客列车质量远低于货物列车，高速动车对相邻坡段的坡度差不做限制。

1）为保证列车在变坡点处的运行安全、乘客乘坐的舒适度要求，相邻坡段的坡度差大于等于1‰时，应采用圆曲线型竖曲线连接。

竖曲线半径由乘客乘坐舒适性要求控制，即受列车运行于竖曲线产生竖向离心力限制，确定最小竖曲线半径，根据设计速度按表3-9、表3-10选用。

最小竖曲线半径 **表3-9**

设计速度（km/h）	最小竖曲线半径（m）
350	25000
300	25000
250	20000

限速地段最小竖曲线半径 **表3-10**

设计速度（km/h）	最小竖曲线半径（m）
200	15000
160	15000
120	10000
80	5000

2）最大竖曲线半径不应大于30000m。竖曲线半径过大时，施工及养护维修很难达到其设置要求。

3）最小竖曲线长度按不小于一个车辆定距长度要求不应小于25m。

4）竖曲线（或变坡点）起终点与平面曲线起终点间的最小距离不宜小于20m。竖曲线（或变坡点）与缓和曲线、道岔均不应重叠设置。

5）竖曲线与平面曲线不宜重叠设置，以避免平、纵断面曲线合成较复杂的空间线形而增加施工及养护维修的难度。困难条件下重叠设置时，最小曲线半径应符合表3-11的规定。

竖曲线与平面曲线重叠设置时的最小曲线半径 表 3-11

设计速度（km/h）	最小平面曲线半径（m）		最小竖曲线半径（m）
	一般	困难	
350	7000	6000	25000
300	5000	4500	25000
250	3500	3000	20000

6）动车组走行线相邻坡段坡度差大于 3‰时宜设置圆曲线型竖曲线，竖曲线半径不宜小于 5000m，困难条件下不应小于 3000m。

（5）正线两线并行时，两线轨面高程宜按等高（曲线地段为内轨面等高）设计。正线与联络线、动车组走行线、既有线并行时，正线轨面设计高程应根据路基横断面设计情况综合研究确定。

（6）连续梁、钢梁及较大跨度梁的纵断面设计应符合桥梁设计的技术要求。

（7）隧道内坡道可设置为单面坡或人字坡。地下水发育的长隧道宜采用人字坡，坡度不应小于 3‰。路堑地段线路坡度不宜小于 2‰。

（8）跨越排洪河道的特大桥和大中桥的桥头路基、水库和滨河地段、行洪及滞洪区的浸水路堤、路肩高程应符合国家防洪标准及通航要求。

跨越通航河流地段的纵断面设计除应满足水文条件、桥梁结构要求外，还应满足通航净空的要求。

（9）站坪范围的正线坡度设计应符合下列规定：

1）到发线有效长度范围内的正线一般应设在平道上，当设在坡道上时坡度不应大于 1‰。

2）越行站的正线坡度不宜大于 6‰。

3）车站咽喉区的正线坡度宜与到发线有效长度范围内的正线坡度一致，困难条件下始发站不宜大于 2.5‰、中间站不宜大于 6‰。

4）到发线有效长度范围内的正线应采用一个坡段。

（10）高速铁路交叉、跨越时应符合下列规定：

1）高速铁路与其他铁路、公（道）路交叉应按全立交设计。

2）高速铁路与其他铁路、公（道）路交叉宜采用高速铁路上跨的方式，困难条件下经技术经济比选采用高速铁路下穿时，应采取安全可靠的防护措施。

3）跨越高速铁路的立交桥下净高，应符合下列规定：

① 直线地段正线不应小于 7.25m，折返线及动车段（所、场）内的线路不应小于 6.2m。

② 曲线地段设置外轨超高时，应根据计算另行加高。

③ 利用既有立交桥时，需经技术经济比选后确定。

4）高速铁路与输油、输水、输气管道等设施交叉时，应采用高速铁路上跨的方式（隧道地段除外）。

（11）附属设施

1）高速铁路区间线路应采用防护栅栏进行全封闭（水中桥梁及山区沟壑峡谷的桥梁除外）。桥下封闭时应在适当位置预留横向通道，通道间距宜为 300～500m。防护栅栏设置在铁路用地界内 0.5m 处。

2）高速铁路区间线路并行其他铁路时，在满足铁路建筑限界及运行安全要求的前提下，应合理设置隔离栅栏。

3）桥梁地段设置在铁路用地界内的维修通道应符合下列规定：

① 路基宽度 3m、路面宽度 2.5m。

② 每间隔 500m 设置一处错车平台，错车平台宽 2.5m、长 8m。

4）高速铁路与公路并行间距较小且公路路面高程高于铁路路肩高程，或低于铁路路肩高程 1.0m 以内时，应在靠近铁路的公路路侧设置护栏，其防撞等级应符合有关规定。

5）区间线路及车站用地边界应埋设标（桩）。标（桩）埋设在铁路地界线和地界拐点处，直线地段间距宜为 150m，曲线地段间距宜为 40m。

6）高速铁路线路两侧应设立安全保护区，安全保护区的范围应符合《铁路安全管理条例》的有关规定。安全保护区边界应埋设安全保护区标（桩）。

第 4 章　我国高速铁路建设发展现状与前景

我国高速铁路从无到有，经过十几年的飞速发展，现已初步建成具有中国特色的全球最大的高速铁路网，并已大步跨出国门，令人振奋地开创了我国高速铁路建设的辉煌历程。

1. 起步艰难

20 世纪 90 年代初，我国既无高速铁路实例，也无相关技术资料可循，可谓起步艰难。首当其冲的是没有高速铁路线路、路基、桥隧、站场等先期开工的土建工程的设计、施工规范，当时国铁规范最高时速仅 120km，时速 350km 高速铁路的技术标准、设计参数等是必须尽快解决的技术难题。为此，铁道部指令中国铁道科学研究院铁道建筑研究所负责技术攻关，设计院负责编制《设计暂行规定》和《高速铁路设计文件组成及编制办法》(暂行)。并指令原铁道第三勘察设计院为全线总体设计单位，笔者时任院技术处线路专业管理总工程师，对口负责京沪高速铁路技术管理工作，责无旁贷主持了这两项规章文件的编制工作及其中本专业章节内容编写任务，至 1998 年完成报部审批稿，初步为高速铁路先期工程设计提供了基本依据，也为之后进一步完善制订相关规范奠定了基础。

至于高速铁路动车、车辆及运营机电等成套装备技术，国内更是空白，只能全部从国外购买。当时有高速铁路运营经验的国家主要是日本、德国、法国，京沪高速铁路这块大肥肉自然就成了这三国激烈竞争的焦点，三国各大公司走马灯似的争相来华进行技术交流游说，国家总理上至元首也曾数次访华进行顶层公关。三国高速铁路技术各有特点，日本高调喊出："日本是建成高速铁路最早的国家，运营 30 年来无一人员伤亡"，他们信心满满志在必得。让他们没想到的是，对引进日本技术装备，遭到国人的普遍抵制，有网民发表长篇文章列出 11 条理由，表示强烈反对，说日本过去是用战争武力侵略中国，现在是在经济上侵略中国，坚决不能答应。经各方面专家研究论证和国家最高领导层决策，最终选定了德国、法国，舍弃了日本，人们笑谈这是又一次"抗日胜利"。

之后几年，在铁道部京沪高速铁路领导小组指挥下逐步完成预可研、工可研编制并经国务院批准立项，至 2007 年 12 月铁道部批复初步设计，2008 年初国务院常务会议同意开工建设，同年 4 月 18 日全线开工，至此历经 18 年。经三年土建工程建设和设备安装调试，于 2011 年 6 月 30 日正式开通。

2. 发展飞速

自从我国第一条长大线路京沪高速铁路建成运营后，短短几年内我国高速铁路得到飞速发展，现已初步建成全球规模最大的高速铁路网。我国高速铁路网分骨干网、重要的区域网、大城市之间的高速铁路三种类型。

骨干网就是指规划的四纵四横干线网，四纵是指四条南北向客运专线：

(1) 京沪高速铁路，纵贯京津沪和冀鲁皖苏四省，连接环渤海和长江三角洲两大经济区，全长1318km；

（2）北京—深圳客运专线，经郑州、武汉、长沙、广州，连接华北、华中、华南地区，全长2298km；

（3）北京—哈尔滨客运专线，连接东北和关内地区，全长约1700km；

（4）杭州—深圳客运专线，经宁波、福州，连接东南沿海地区和珠江三角洲，全长约1600km。

四横则是指东西向的四条骨干客运专线：

（1）徐州—兰州客运专线，经郑州、西安，连接华东、华中地区，全长约1400km；

（2）杭州经南昌到长沙的客运专线，连接华东、华中地区，全长约880km；

（3）青岛经石家庄到太原的客运专线，连接华北、华东地区，全长约770km；

（4）上海—成都客运专线，经南京、合肥、武汉、重庆，连接西南、华中和华东地区，全长2078km。

至2017年底四纵四横高速铁路网已全部开通运营。

2016年7月，国家发展改革委、交通运输部、中国铁路总公司联合发布了《中长期铁路网规划》，勾画了新时期“八纵八横”高速铁路网的宏大蓝图。“八纵”通道包括沿海通道、京沪通道、京港（台）通道、京哈—京港澳通道、呼南通道、京昆通道、包（银）海通道、兰（西）广通道。“八横”通道包括绥满通道、京兰通道、青银通道、陆桥通道、沿江通道、沪昆通道、厦渝通道、广昆通道。

截至2017年年底我国高速铁路已建成运营2.5万km，占全球高铁运营里程的66.3%，已安全运送旅客累计超过70亿人次；预计到2020年，全国高速铁路将增加到3万km，覆盖我国80%以上的大城市。

3. 优势显著

我国高速铁路现已具有三大优势：工程建设和运营管理经验丰富，安全可靠；工程投资和装备造价相对较低，性价比高；技术先进，中国每建设一条高速铁路，其技术标准保证至少30年不落后。我国现在已经成功拥有世界先进的高速铁路集成技术、装备制造技术、工程施工和运营管理技术，已创造了诸多“世界之最”，例如：

运行时速最高——486.1km/h，2010年12月3日在京沪高速铁路枣庄至蚌埠试验段创造了这一世界铁路运行第一速。

轮轨实验时速最高——605km/h，2011年12月，在高速列车国家工程实验室中达到这一最高实验速度。

世界首条新建高寒高速铁路——哈大高速铁路。东北地区全年温差高达80℃，是我国最为寒冷也是温差最大的地区，2012年建成运营后经受住了高寒考验。

源自我国地域辽阔、人口众多的天然条件，因而诸如一次建成线路最长高速铁路（京沪线）和世界单条运营里程最长高速铁路（京广线），乃至很快形成全球规模最大的中国高速铁路网和达到最惊人的高速铁路客流量，这些是当今世界其他各国难以相比的。

4. 跨出国门

我国高速铁路正是基于上述具有中国特色的诸多优势，已经具备组团出海竞争的实力。近几年中国高速铁路已大步跨出国门，承接了多条国外高速铁路建设项目，例如：土耳其安伊高速铁路，这是中国企业在海外修建的第一条高速铁路，由安卡拉至伊斯坦布尔，全程总长500多km，分两期实施，第一期路段于2003年动工，2009年初通车，第二期路段于2016年通车；沙特麦麦高速铁路，这是沙特第一条双线电气化铁路，由麦加至麦地，全长450.25km，设计最高时速360km，由中铁十八局集团有限公司承建；印尼雅万高速铁路，连接印尼首都雅加达和第四大城市万隆，全长约150km，这是中日贴身竞争的高速铁路项目，一波三折，终于尘埃落定，于2015年10月16日由中国铁路总公司牵头组成的中国企业联合体，与印尼国企联合体，正式签署了组建中印尼合资公司协议，该合资公司将负责雅万高速铁路项目的建设和运营，标志着中国企业正式赢得了雅万高速铁路项目；中泰高速铁路，这也是近几年中日激烈竞争的高速铁路项目之一，甚为国人关注，几经周折，成功落单，于2017年7月泰国内阁会议通过首期中泰高速铁路合作项目，设计最高时速250km，工程分期实施。

此外还有连接我国南疆喀什和巴基斯坦瓜达尔港的中巴高速铁路、可能成为“莫斯科—北京”高速铁路干线一部分的“莫斯科—喀山”高速铁路等多个高速铁路项目，遍及欧亚大陆，远涉两洋，诸多项目都在洽谈研究前期工作中。“中国高速铁路”这张名片，现已跨出国门，走向世界。

5. 前景广阔

我国高速铁路从无到有，经过近几年的飞速发展，高速铁路线路已贯通国土南北东西，实现了我国各大地区之间和城市之间的时空跨越，极大地方便了人们的远程出行，也必将大力促进高速铁路沿线地区和国家经济社会持续稳定发展。

我国高速铁路骨干网已初步形成，按铁路中长期规划“八纵八横”高速铁路网正在实施，还有重要的区域网及大城市之间的高速铁路线路都在快速建设，国内市场硕大；我国高速铁路还在智能建造、智能装备、智能运营、智能养护维修、智能服务等方面推进技术创新和管理创新，全面提升中国高铁智能化水平，将更体现“中国高速铁路”的独特优势和竞争实力，海外市场也必将有大的延伸拓展，可见我国高速铁路建设发展前景广阔。

第 2 篇　城市轨道交通

为促进我国城市经济社会可持续发展，近二三十年来国内各大中城市，城市轨道交通建设如地铁、轻轨、市郊线、市域线、城际铁路等都在蓬勃发展。本篇依据近年来发布实施的相关规范，分章节全面论述了各类线路的不同特点及其相应的线路技术标准、设计原则，并紧密结合工程实际，对线路设计有关专题进行了研讨。最后还介绍了一种可供选择的新型“悬挂式空中轨道交通系统”，以供有关部门领导抉择和设计人员需要时参考。

第 5 章　城市轨道交通发展与线路技术标准设计原则

随着我国城市轨道交通的迅速发展，地区城际轨道交通建设的热潮正在我国兴起，它不同于市区的地铁、轻轨交通，更有别于客货混运的常规铁路，本章仅就其线路技术标准及设计原则的几个具体问题进行研讨。

1. 我国城市、城际轨道交通发展态势

为适应我国城市建设可持续发展，具有大运量、快速、准时、舒适、低污染特点的地铁、轻轨交通迅速发展，对疏解城市地面交通拥堵及减少污染、引导城市发展，都起到了重要作用。20 世纪 80 年代以前，我国内地只有北京全长 48km 和天津全长 7.4km 的地铁。20 世纪 90 年代我国开始重视城市轨道交通建设，2000 年之前内地共建成地铁 143.4km。21 世纪初共有 4 座城市建设了 10 条地铁线，长约 250km。2005 年国家又批复杭州、沈阳、哈尔滨、成都 4 座城市建设地铁。预计到 2020 年全国地铁长度将达到 2500～3000km。

为促进地区经济发展和满足区域内城际旅客运输需要，具有公交化运行、快速通达、便捷换乘和注重人性化服务等特点的城际轨道交通也得到迅速发展。2005 年 3 月，国务院审议通过了《环渤海京津冀地区、长三角地区、珠三角地区城际轨道交通网规划》，以此为标志，倍受世人瞩目的区域经济最具活力的三个地区城际轨道交通建设拉开序幕，我国城际轨道交通建设进入一个空前繁荣的时期，成为全球最大的城际轨道交通市场，轨道交通设计领域也面临新的机遇和挑战。根据计划，20 年内完成基本网络建设，50 年内完成远景网络建设。

2. 线路技术标准研讨

2013 年由住房和城乡建设部发布的国家标准《地铁设计规范》GB 50157—2013 规定地铁适应最高速度由 80km/h 提高到 100km/h。随着城际轨道交通的发展，其运行速度大多已远高于 100km/h，又因其为客运专线不同于客货混运的常规铁路，故城际轨道交通线路技术标准当时尚无相应规范可循，本章仅就以下几个相关的线路技术标准及设计原则进行研讨。

(1) 最高运行速度

城市轨道交通如地铁、轻轨的最高运行速度，国内已建成运营和在建、将建的线路，其适应的最高运行速度，大多采用 80km/h，部分采用 100km/h，如北京地铁、上海地铁、明珠轻轨、天津地铁、深圳地铁、广州地铁、南京地铁等，已建成运营的天津津滨轻轨最高运行速度采用 100km/h。

即将掀起建设热潮的三大地区城际轨道交通设计最高运行速度差别就大了。“长三角”地区城际轨道交通的发展目标是，建设以上海为中心，沪宁、沪杭（甬）为双翼的城际轨道交通主构架，覆盖区域内主要城市，构成以上海、南京、杭州为中心的“1～2h 快速轨道交通圈”，交通网内全部运行速度在 250km/h 以上，实际上已构成我国干线高速客运专

线网的一部分。

“珠三角”地区规划城际轨道交通网内，站站停的列车最高运行速度为 140km/h，直通车为 200km/h。

“环渤海京津冀地区”于 2008 年北京奥运会前夕建成运营的京津城防铁路，其最高运营速度现已达到 350km/h。

(2) 曲线外轨超高及其限值

列车在曲线上运行时会产生惯性离心力使乘客有不适感，并产生外轨偏载，导致磨耗加剧，通常以设置曲线外轨超高产生向心力来达到平衡离心力和内外轨磨耗均匀的目的。

曲线外轨超高 h 的大小与运行速度 V 及曲线半径 R 有关，其基本公式为：

$$h = 11.8\frac{V^2}{R} \tag{5-1}$$

式中　R——曲线半径，m；

V——运行速度，km/h；

h——曲线外轨超高，mm。

由于城市、城际轨道交通是客运专线，不同于客货混运的常规铁路，其运行的列车种类、重量、速度单一，按公式（5-1）设置的曲线外轨超高，可以达到平衡离心力以及使内外轨磨耗均匀的目的。

由公式（5-1）可见，当曲线半径一定时，运行速度越高，要求的曲线外轨超高越大。为保证轨道结构稳定性及行车安全和乘客乘坐舒适度，又必须限制曲线外轨超高的最大值 h_{max}，因此，当按运行速度计算出的曲线外轨超高值超过 h_{max} 时，则会产生欠超高 h_q 和未被平衡的离心力而影响乘客乘坐舒适度，所以对欠超高值也必须有所限制。我国客货混运铁路规定，一般情况下，曲线最大超高为 150mm，允许欠超高为 75mm；《地铁设计规范》GB 50157—2003 规定曲线最大超高为 120mm，欠超高着重从乘客乘坐舒适度要求考虑，根据国内外试验资料，按“允许有不超过 $0.4m/s^2$ 的未被平衡横向加速度”计算，规定“列车在曲线上运行时允许有 61mm 的欠超高”，该值小于客货混运铁路的允许欠超高值（75mm），即允许产生的未被平衡的离心力较小，从而保证了专运旅客的地铁具有较好的乘客乘坐舒适度。

地区城际轨道交通与城市轨道交通同属客运专线性质，其曲线外轨超高限值在当时尚无相应规范作出具体规定，可遵循《地铁设计规范》GB 50157—2003 总则中 1.0.2 条规定：“改建、扩建和最高运行速度超过 100km/h 的地铁工程，以及其他类型的城市轨道交通相似工程，可参照执行”。

(3) 最小曲线半径

对于城市轨道交通中最高运行速度 100km/h 及以下的地铁、轻轨线路，其最小曲线半径在《地铁设计规范》GB 50157—2003 中已有明确规定。对于运行速度 100km/h$<V\leqslant$200km/h 的地区城际轨道交通，相应要求的线路最小曲线半径可按公式（5-2）计算确定：

$$R_{min} \geqslant \frac{11.8}{h}V^2 = 11.8\frac{V^2}{h_{max}+h_q} \tag{5-2}$$

式中　R_{min}——最小曲线半径，m；

V——运行速度，km/h；

h——曲线外轨超高，mm；

h_{max}——允许最大超高，mm；

h_q——允许最大欠超高，mm。

按《地铁设计规范》GB 50157—2003，h_{max}取 120mm，h_q取 61mm，公式（5-2）可简化为：

$$R_{min} \geqslant 0.065V^2 \tag{5-3}$$

按公式（5-3）计算得出对应不同运行速度的城际轨道交通线路要求的最小曲线半径（按 100m 取整），见表 5-1。

城际轨道交通线路要求的最小曲线半径　　表 5-1

运行速度（km/h）	120	140	160	200
最小曲线半径（m）	1000	1300	1700	2600

（4）曲线限速

线路由于受沿线地形、既有或规划道路、重要建（构）筑物等控制，实际设计曲线半径往往小于表 5-1 所列最小曲线半径，列车通过该曲线地段时，为保证行车安全和满足乘客乘坐舒适度要求，列车必须限速运行。列车通过曲线地段时允许的最高速度，通常简称为曲线限速，应根据曲线半径、曲线外轨超高和乘客乘坐舒适度要求计算确定，其计算公式为：

$$V_{max} \leqslant \sqrt{\frac{(h_{max}+h_q)R}{11.8}} = 3.9\sqrt{R} \quad (\text{km/h}) \tag{5-4}$$

式中各参数含义同前。

按公式（5-4）计算得出的较小半径的曲线限制速度（按 5km/h 向低取整）列于表 5-2。

城际轨道交通线路曲线限制速度　　表 5-2

曲线半径（m）	500	600	800	1000	1200	1500	2000	2500	3000
限制速度（km/h）	85	95	110	120	135	150	170	195	210

相对于客货混运的常规铁路，按其规定的最大超高 150mm，允许欠超高 75mm，其曲线限速计算公式为 $V_{max}=4.3\sqrt{R}$。相比较，可见作为客运专线的城市、城际轨道交通具有较好的乘客乘坐舒适度。

3. 车站布设

（1）站间距离

对于城市轨道交通如地铁的站间距离，《地铁设计规范》GB 50157—2003 有明确规定："一般在城市中心区和居民稠密地区宜为 1km 左右，在城市外围区应根据具体情况适当加大车站间的距离"。

对于城际轨道交通的站间距离，应根据线路在地区线网中的功能定位、沿线城镇分布及客流量等具体情况设计，各线情况不同，难以统一规定站间距离。

例如已建成通车的津滨轻轨东段 46km，共设 18 个站（含预留 5 站），初期开站 13 站，平均站间距离 3.8km，全部开站时，平均站间距离 2.7km，最长站间距离 5.8km。"珠三角"地区线网规划，最小站间距离 2km。对较大范围地区线路较长的城际轨道交通平均站间距离以 5～10km 为宜。

（2）车站布设原则

城市轨道交通如地铁、轻轨主要为市民出行服务，其车站站位应与城市道路网及公路交通网紧密结合，使多数乘客步行距离最短，方便乘客乘坐和与公交换乘，对城市轨道线网相交处或与公交枢纽站汇合处，车站站位尤应注意为乘客提供最便捷的换乘条件。

城际轨道交通主要是为了满足区域内城际间商务、公务、上下班通勤等旅客运输的需要，车站布设应体现“大公交”运行特点。设站位置既要考虑沿线既有城镇分布，还要结合规划新建城镇布站（规划未实现前可按预留站考虑）。对较大区域的城际轨道交通还应注意与其他交通方式如既有铁路、公路提供便捷的换乘条件，例如“长三角”规划的城际轨道交通线基本走向紧贴既有线，而且不少还共用既有铁路站址，可以共享现有城市交通运输资源，形成大交通规模效应，方便乘客与市内及跨区域交通方式的换乘。

4. 线路敷设方式

城市、城际轨道交通敷设方式主要有地下线、高架线、地面线三种，各有其特点和适用条件。不同的线路敷设方式的工程造价和对周边环境的影响差别甚大。

（1）地下线

地下线是地铁线路在交通繁忙路段和市区内繁华地段主要采用的敷设方式。其线路设计的一般原则是线位尽可能沿城市道路敷设，尽量不侵入两侧的规划红线，在偏离道路或穿行街坊时，主要考虑躲避沿线的建筑物基础和地下的各种市政管线，以确保安全和减少拆迁。地下线的特点是合理利用了城市地下空间，避免了对城市地面交通的干扰，对沿线周边环境和城市景观的影响最小，但其单位工程造价最高，约为高架线的 2.7 倍。

（2）高架线

高架线一般在市区建筑物稀少及空间开阔的地段采用，其线位一般沿道路的一侧或路中布置，根据具体情况并结合规划和设站位置经技术经济比较后确定。桥梁的净高一般由沿线所跨越的道路通车高度及河流的通航高度要求确定。桥梁跨度非特殊地段按最经济跨距布置，一般为 20～30m，具体根据桥梁结构形式计算确定。高架线的特点是不隔断线路两侧的道路交通，但行车噪声大，对城市景观影响也大，市区一般不采用。线位距离居民楼房特别是学校、医院等敏感区较近的地段，要充分考虑噪声和振动对周边环境的影响，必要时应设置隔声屏并采用减震轨道结构。市域、城际轨道交通普遍采用高架线形式，例如上海轨道交通 9 号线，在出市区以后至松江新城全部采用高架线，规划的“珠三角”地区铁路网中 80%为高架线，正在运营的津滨轻轨线路高架线占 87.9%。

（3）地面线

地面线在沿线道路和建筑物稀少的空旷地带采用。地面线的路基高度要根据通过地段的最高地下水位和最高地面积水水位设计确定，避免路基过低引起基床翻浆冒泥等病害或积水淹没路基而影响运营。地面线的突出优点是土建施工简易，工程造价最低，仅为高架线的 1/3 以下。但因地面线沉降变化较大，故多采用碎石道床，因此运营后轨道日常养护维修工作量较大。地面线的最大缺点是封闭运行设置的隔离栅栏隔断了线路两侧的交通，因此对于行车密度高的市域、城际轨道交通，因其大多数经行道路较多的繁华地区，故只能采取高架线形式，只有在偏僻旷野、道路稀少的地带和其他有条件的特殊地段尽可能多地采用地面线，以节省工程投资。

最后说明一点：本章原文曾刊载于《轨道交通》2006 年第 12 期，当时仅有住房和城乡建设部发布的《地铁设计规范》GB 50157—2003，该规范现已更新为 2013 年版，至于城际轨道交通当时尚无相应规范可循，2014 年已由国家铁路局发布《城际铁路设计规范》TB 10623—2014，具体工程设计均应按照现行相应设计规范执行。

第6章　关于《地铁设计规范》中部分条文的讨论及建议

2003年8月由住房和城乡建设部发布实施的《地铁设计规范》GB 50157—2003（以下简称《设规》）中，对1992年版《地下铁道设计规范》GB 50157—1992（以下简称《原设规》）做了大量补充和修订。本章结合工程设计实际，对其中“限界”、“线路”、“路基”、“轨道”等部分条文进行了一些研究探讨，并提出建议。

1. 曲线地段地铁限界与曲线加宽计算问题

（1）曲线地段加宽的必要性

列车在曲线上运行时，由于车体为刚体结构不能随线路曲度而弯曲，导致车体纵向中心线与线路中心线不相吻合，使车体两端向线路外侧偏移，车体中部向线路内侧偏移；同时由于曲线外轨超高使车体倾斜也产生向曲线内侧偏移。为满足车辆、设备、建筑限界要求，曲线地段内外侧必须分别考虑加宽值。

（2）圆曲线内外侧加宽值计算

《铁路线路设计规范》GB 50090—2006 规定：圆曲线内外侧加宽值按平面曲线几何偏移和立面外轨超高引起的平面偏移进行计算。

《原设规》主要也是考虑这两项偏移引起的加宽值，但需结合选用的车辆主要尺寸如车辆长度、定距、轴距、车辆轮廓坐标等进行计算。

《设规》第4.1.4条规定：“曲线地段设备限界应在直线地段设备限界基础上，按平面曲线不同半径、过超高或欠超高引起的横向和竖向偏移量，以及车辆、轨道参数等因素计算确定。”并在条文说明中明确按附录A“曲线地段设备限界计算方法”进行计算。计算公式繁杂，其中涉及多个车辆、轨道参数变化，这在先期土建工程设计阶段，因轨道设计滞后，车辆尚未招标定厂制造，按此方法计算偏移量，实际操作上有难度。天津地铁2、3号线，采用《设规》基本公式另加C值计算曲线内、外侧加宽值：

曲线地段内侧加宽值：$$E_{内}=\frac{L_1^2+a^2}{8R}+X''_{ki}\cos\alpha+Y''_{ki}\sin\alpha-X''_{ki}+C \quad (mm) \tag{6-1}$$

曲线地段外侧加宽值：$$E_{外}=\frac{L_0^2-(L_1^2+a^2)}{8R}+X''_{k0}\cos\alpha-Y''_{k0}\sin\alpha-X''_{k0}+C \quad (mm) \tag{6-2}$$

式中　L_0——车体长度，mm；

L_1——车辆定距，mm；

a——车辆固定轴距，mm；

R——圆曲线半径，mm；

α——车体竖向倾角，$\alpha=\sin^{-1}\frac{h}{S}$；

h——曲线外轨超高，mm；

S——内外轨头中心距离，mm；

(X''_{ki}、Y''_{ki})、(X''_{k0}、Y''_{k0})——设备限界控制点坐标值。

公式（6-1）、公式（6-2）中的第一项为平面曲线几何偏移量，第二、三、四项为竖向超高产生的平面偏移量，公式中 C 为考虑车辆、轨道等参数变化引起的加宽量，经分析取值如表 6-1 所示。

车辆、轨道等参数变化引起的加宽量 **表 6-1**

R（m）	$R<300$	$300\leqslant R<800$	$800\leqslant R<2000$	$R\geqslant 2000$
C（mm）	50	40	30	20

（3）缓和曲线地段限界及加宽计算问题

《设规》第 4.3.3 条对缓和曲线地段限界作了原则性的规定："缓和曲线地段矩形隧道建筑限界应按所在曲线位置的曲率半径和超高值等因素计算确定。"实际操作有一定难度。由于缓和曲线地段内曲率半径及外轨超高皆是渐变的，其内、外侧加宽值与车辆的前、后两个转向架所处位置有关，如车辆的一个转向架处在缓和曲线上，而另一个转向架处在直线上或圆曲线上，和两个转向架同处在缓和曲线内的不同点上，其加宽值及其相应的计算公式均各不相同，计算繁杂，设计、施工不便。在地铁实际设计中，对缓和曲线地段的内、外侧加宽值及建筑限界计算通常采用该条文说明中的办法，即"参照《铁路隧道设计规范》TB 10003—2005 规定的方法并用地铁车辆的有关参数修正其延伸长度"。如天津地铁 2、3 号线设计中，在矩形隧道内缓和曲线拟分两段加宽："自圆曲线至缓和曲线中点，并向直线方向延伸 11m，采用圆曲线加宽值；其余缓和曲线，自直缓分界点向直线方向延伸 19m，其加宽值取圆曲线加宽值的一半"。

综上（2）和（3）所述，对于《设规》第 4.1.4 条中关于"按车辆、轨道参数等因素计算"问题，考虑到先期土建工程设计阶段实际操作上的难度，建议根据车辆、轨道参数变化允许值，在《设规》中综合提出一个由此引起的加宽值，供设计直接采用，既满足了限界要求，又可简化设计计算，因该值甚小，也符合土建工程实际。

（4）双线并行地段最小线间距及曲线加宽问题

1）区间最小线间距的确定

《铁路线路设计规范》GB 50090—2006 规定：当路段旅客列车设计行车速度 ≤140km/h 时，双线并行区间直线地段的最小线间距采用 4m。

地铁中的地面线、高架线为少占地、省工程量，双线并行区间一般也应采用最小线间距，该最小线间距应为多少，《设规》未给出条文规定，仅在第 4.1.6 条作了如下规定："相邻的双线，当两线间无墙、柱及其他设备时，两设备限界之间安全间隙不得小于 100mm"。本条文说明中还说明：单洞双线无中隔墙，两线路中心线线间距按隧道内设备限界加不小于 100mm 的间隙计算；高架线两相邻线路中心线间距按高架线设备限界加不小于 100mm 的间隙计算。据此，以《设规》中列出的三种型号国产车辆的设备限界控制点计算得出的隧道内、地面线、高架线地段最小线间距列于表 6-2。

按车辆设备限界控制点计算的直线地段最小线间距 **表 6-2**

车型	设备限界控制点坐标值（mm）		《设规》规定最小安全间隙（mm）	直线地段最小计算线间距（mm）	
	隧道内直线	地面或高架直线		单洞双线隧道内	地面线、高架线
A 型车	27″—1700	27″—1772	≮100	3500	≥3644

续表

车型	设备限界控制点坐标值（mm）		《设规》规定最小安全间隙（mm）	直线地段最小计算线间距（mm）	
	隧道内直线	地面或高架直线		单洞双线隧道内	地面线、高架线
B_1 型车	29″−1597	28″−1648	≮100	3294	≥3396
B_2 型车	24″−1597	23″−1648	≮100	3294	≥3396

对于《设规》第 4.1.6 条按两设备限界之间加安全间隙确定最小线间距的规定，认为两线间既然“无墙、柱及其他设备”，那么左、右线并行地段的线间距与设备限界已无直接关系，如改为按车辆限界控制并相应加大间隙距离，就好理解了。经检算，三种车型的车辆限界和设备限界对应控制点坐标差值为 81～94mm，取整为 100mm，据此，如该条文改为按车辆限界控制，则其限界之间的安全间隙由 100mm 增大为 200mm 即可。另外，还可比照《铁路线路设计规范》GB 50090—2006 中的办法，结合地铁车辆、行车速度，按车辆限界宽度加会车安全要求距离采用公式（6-3）计算确定区间最小线间距：

$$D_{min} = 2X_{cx} + A \text{ (mm)} \tag{6-3}$$

式中　D_{min}——区间直线地段最小线间距；

X_{cx}——地铁选用的车辆限界控制点坐标；

A——双方向行车不限速会车要求的安全距离。

行车速度越高，要求的 A 值越大，若 A 值过大，则占地多、工程不经济。我国一般铁路根据有关规定，当 A 值小于 300mm 时禁止会车，当 A 值在 300～350mm 时，运行速度不得超过 30km/h，当 A 值大于 350mm 时可不限速会车。据此，同样以《设规》中列出的三种型号国产车辆的车辆限界，按公式（6-3）计算得出的区间双线并行直线地段最小线间距列于表 6-3。

按会车安全距离计算的直线地段最小线间距　　　**表 6-3**

车型	车辆限界控制点坐标值（mm）		会车安全距离（mm）	直线地段最小计算线间距（mm）	
	隧道内直线	地面、高架直线		隧道内	地面线、高架线
A 型车	27′−1606	27′−1678	>350	>3562	>3706
B_1 型车	27′−1516	29′−1560	>350	>3382	>3470
B_2 型车	24′−1516	23′−1554	>350	>3382	>3458

从表 6-2、表 6-3 的对比可以看出：按会车安全距离计算得出的最小线间距略大于按《设规》第 4.1.6 条规定计算得出的最小线间距。当采用国产 B_1、B_2 型车时，双线并行地段当两线间无墙、柱及其他设备时，隧道内和地面、高架线按表列最大数据 3562mm 取整后采用最小线间距 3.6m 是适宜的，天津地铁 1、2、3 号线及深圳地铁均采用 3.6m。但当采用国产 A 型车时，地面、高架线最小线间距应采用 3.8m。

综上所述，将《设规》第 4.1.6 条按两设备限界之间留安全间隙确定最小线间距，改为按车辆限界控制并相应加大间隙距离，或按铁路不限速会车要求安全距离确定最小线间距，这样更趋合理，也好理解些。同时在“5 线路”中增列线间距条文规定，明确双线并行地段适应不同类型车辆的直线最小线间距，便于设计使用。

2）曲线地段线间距加宽问题

《铁路线路设计规范》GB 50090—2006 规定：双线并行区间线路直线地段采用最小线

间距4m时，曲线地段线间距应按规定加宽，并列出加宽值表可直接查用。地铁双线并行区间线路直线地段采用最小线间距时，曲线地段线间距是否应加宽，《设规》亦未给出条文规定。如前（1）所述，列车在曲线上运行时，车体两端向线路外侧偏移，车体中部向线路内侧偏移；同时曲线外轨超高使车体向曲线内侧倾斜，势必都要侵占两线之间的空间，为满足《设规》第1.4.1条所述的限界规定需要的安全间隙和保证双向列车不限速会车要求的安全距离，曲线地段线间距必须按规定加宽，其加宽值为左、右线之间的曲线内、外侧偏移量之和。天津地铁1、2、3号线和其他地铁工程实际设计中都考虑了曲线地段线间距加宽。为此，建议增列条文，明确规定最小线间距及曲线地段线间距加宽问题，使《设规》更趋完善，便于使用。

2. 对“路基”中部分条文的探讨及建议

地铁与一般铁路不同，其地面路基在线路工程中所占比例很小。《原设规》中未纳入路基条文，而《设规》已编入“7 路基”且条文较多，其内容大多是参照一般铁路的路基设计规范编制的，与地铁自身特点结合不够，不太切合地铁工程的实际情况，仅举以下三例说明并提出建议：

（1）机械化养路平台设置的界定及是否需要设置问题

我国铁路一般采用碎石道床轨道。在重大、繁忙干线上已逐步采用大型养路机械开“天窗”进行轨道维修作业；对于行车密度不太大且有足够间隔时间允许机具上道的线路，其轨道养护维修多采用中、小型机械化作业，作业时间利用行车间隔。其动力电源多采用移动式发电机组，为放置发电机组和部分下道机具，要求每隔500m左右（发电机输出电压400V至作业机具间的电压降控制距离约250m）沿路肩外侧设置一处平台，故《铁路路基设计规范》TB 10001—2005中列有设置平台的条文规定。

《设规》第7.1.7条规定：“根据维修要求可适当设置养路机械平台，间距宜采用500m……”结合地铁实际，其轨道多采用整体道床，养护维修工作量小是其最大优点。局部地段的碎石道床轨道，处在市区内的，不可能设平台侵占道路路面或城市用地；处在市区外的，大城市郊区沿线往往有固定电源可用作养路机械电源，可不备发电机组及其平台，如个别地段必要时还可利用附近自然平场。地铁维修作业只能在地铁停运时段（一般在23：00—05：00）进行，其作业机具无须避车下道放置。据此分析，我们认为第7.1.7条可略去不纳入《设规》，如仍保留这条，则建议在该条文前加以严格的界定条件如“郊区地面线路较长的碎石道床轨道，且沿线无固定动力电源可利用时”，可适当设置养路机械平台，使条文更趋严谨，有利于指导设计。

（2）曲线地段路基加宽的界定问题

《设规》第7.2.4条规定：“区间曲线地段的路基面宽度，单线应在曲线外侧……加宽……”曲线地段路基加宽，是指采用碎石道床轨道的路基，因曲线外轨超高是借助加厚外轨一侧枕下道碴的厚度来实现的，由于道碴加厚，道床坡脚外移，为保证路肩所需的宽度标准，曲线外侧的路基需要相应加宽。对于整体道床轨道，曲线外轨超高是采取加厚外侧道床混凝土厚度来实现的，不影响路肩宽度，路基也无须加宽。地铁轨道多采用整体道床无缝线路，仅局部地段可能采用一般碎石道床轨道，因此建议在该条文前最好加以界定如“采用碎石道床轨道时”，增强条文的严谨性和指导作用。

(3) 关于“路基支挡结构物”的建议

《设规》中单列“7.3 路基支挡结构物”一节共 6 条，占路基条文篇幅较大，但对于地铁实际上很少用到，除桥头路堤可能设置一段小挡墙外，其他如出隧洞口至地面的深挖地段，为防止地下水和少占城市道路路面，一般均采用直壁式的钢筋混凝土 U 形槽结构即封闭式路堑，市内从市容景观考虑也不宜出现其他支挡结构物，郊区地面线路因大多地形平坦、地下水位高，一般宜设计适当高度的低路堤，也很少有高填深挖路基需要设支挡结构物。因此建议《设规》中这部分内容可简略些，如概括为：“地铁路基地段特殊情况下必须设置支挡结构物时，可参照现行《铁路路基设计规范》TB 10001—2005 及《铁路工程设计技术手册》设计，并应注意城市景观要求和少占城市用地”。

3. 关于欠超高的取值及建议

地铁允许最大欠超高值是按乘客乘坐舒适度要求确定的，即“允许有不超过 $0.4m/s^2$ 未被平衡横向加速度”，据此可推算出地铁线路允许的最大欠超高理论值为 61.2mm。《设规》第 6.2.8 条规定：“一般可允许有 61mm 的欠超高”，考虑铁路超高设计、实设通常均按 5mm 取整，通过以下分析建议该项取值为 60mm，这样更规范些，而且对保证舒适度也稍有利。

根据《设规》规定最大超高 h_{max} 为 120mm，分别取欠超高 h_{qmax} 为 61mm 和 60mm，可分别得出较小半径曲线的最大限制速度 V_{Qmax}，计算公式为：

$$V_{Qmax}=\sqrt{\frac{(h_{max}+h_{qmax})R}{11.8}}\quad (km/h) \tag{6-4}$$

当 h_{qmax} 取 61mm 时：

$$V_{Qmax}=3.91\sqrt{R}\quad (km/h) \tag{6-5}$$

当 h_{qmax} 取 60mm 时：

$$V_{Qmax}=3.90\sqrt{R}\quad (km/h) \tag{6-6}$$

根据公式（6-5）、公式（6-6）计算得出的曲线限制速度，按公式（6-7）计算得出相应不同半径曲线的理论超高值列于表 6-4。

$$h=\frac{11.8}{R}V_{Qmax}\quad (mm) \tag{6-7}$$

曲线限制速度及超高计算　　**表 6-4**

曲线半径（m）		250	300	350	400	450	500	550	600	650
限制速度 V_{Qmax}（km/h）	欠超高取 61mm	61.8	67.7	73.1	78.2	82.9	87.4	91.7	95.8	99.7
	欠超高取 60mm	61.7	67.5	73.0	78.0	82.7	87.2	91.5	95.5	99.4
按相应限制速度计算理论超高值 h（mm）		180.2	180.3	180.2	180.4	180.2	180.3	180.4	180.5	180.5
		179.7	179.2	179.7	179.5	179.3	179.5	179.6	179.4	179.4
限制速度按 5km/h 向下取整计算理论超高值 h（mm）		170	166	165	166	168	171	174	177	177

《设规》规定，我国地铁设计最高速度为 100km/h，现有地铁大多采用 80km/h，由表 6-4可见，当曲线半径分别为 650m 和 450m 及以上时，列车通过该曲线地段时已不限

速，可按设计最高速度运行。

从表6-4还可以看出，按欠超高限值为61mm和60mm分别计算得出的较小半径曲线的限制速度及与其相应的理论超高值，分别为180.2～180.5mm和179.2～179.7mm，按《设规》规定的最大超高120mm实设，其差值即实际产生的欠超高均小于61mm和60mm，亦即均可满足舒适度对未被平衡横向加速度小于0.4m/s^2的要求。如按铁路行车速度以5km/h向下取整时，则计算得出的理论超高值为165～177mm，与实设最大超高120mm的差值即欠超高为45～57mm，比允许欠超高限值60mm还留有3～15mm的余量，以给实设超高按5mm取整留出机动量。

通过以上分析，《设规》第6.2.8条中的欠超高取值采用60mm，更符合铁路超高一般按5mm取整的常规，使条文更规范化，对保证乘客乘坐舒适度也稍有利。

最后说明一点：本章原文曾刊载于《城市轨道交通研究》2006年第4期，当时是针对《地铁设计规范》GB 50157—2003中部分条文的讨论及建议，该规范现已更新为2013年版，具体工程设计应以现行设计规范为准。

第 7 章　地铁线路平、纵断面曲线设计参数的确定及有关问题研讨

地铁线路平、纵断面曲线设计涉及行车速度、圆曲线半径、缓和曲线长度、线间距及加宽、曲线外轨超高等多个参数，各参数相互关联制约。2003 年 8 月发布实施的《地铁设计规范》GB 50157—2003（以下简称《设规》），较《地下铁道设计规范》GB 50157—1992（以下简称《原设规》）做了较大修改补充，但有关规定仍不尽完善，而地铁又有其不同于一般铁路的自身特点，既有的一般铁路设计手册等技术资料也不完全适用，因此设计中常须自行计算方可合理确定这些参数，以期取得地铁线路较好的技术条件和节省部分工程投资。

1. 曲线半径选择

曲线半径应根据行车速度、沿线地形、地物等自然条件因地制宜由大到小合理选定。地铁线路不同于野外一般铁路，它往往受城市道路和建筑的控制，曲线半径选择自由度小，常须设置较小半径曲线。《设规》对地铁最小曲线半径规定为：当设计最高速度小于等于 80km/h，采用 B 型车时，一般情况下为 300m，困难情况下为 250m。在实际设计中，对于 250m 半径曲线，因其钢轨磨耗陡然加剧，除非因特殊条件控制不得已时方可采用，一般应控制在最小 300m 及以上。例如天津地铁 1 号线南段，地下线因受津萍大厦桩基控制，原设计曲线半径为 250m，后经反复研究改善为 300m；高架段由大沽南路拐向微山路因受城市干道交叉口控制，华山里站南端因受设站位置控制，都经多次研究比选设计为 300m 半径曲线，最终经市建委审批确定。

2. 曲线外轨超高与限速计算

列车通过曲线地段时，为保证行车安全和满足乘客乘坐舒适度要求，列车必须限速运行。列车通过曲线地段时的最大允许速度（通常简称为曲线限速），应根据曲线外轨超高和乘客乘坐舒适度要求计算确定。

列车在曲线上运行时会产生惯性离心力使乘客有不适感，并产生外轨偏载，导致磨耗加剧。因此通常以设置曲线外轨超高产生向心力来达到平衡离心力和内外轨磨耗均匀的目的。

从理论上分析，车体重力 P 产生的离心力 J 为：

$$J = \frac{PV^2}{gR} \tag{7-1}$$

由于设置曲线外轨超高使车体向曲线内侧倾斜产生的车体重力 P 和轨道对车辆的反力 Q 的合力形成的向心力 F_n（见图 7-1）为：

$$F_n = P\frac{h}{S} \tag{7-2}$$

当向心力与离心力平衡即 $F_n=J$ 时，取 $g=9.8\text{m/s}^2$，$S=1500\text{mm}$，代入公式（7-1）、公式（7-2）并变换量纲单位可得：

$$h=\frac{Sv^2}{gR}=11.8\frac{V^2}{R} \qquad (7\text{-}3)$$

式中　R——曲线半径，m；

h——所需曲线外轨超高，mm；

S——内外轨头中心距离，取 1500mm；

g——重力加速度，9.8m/s^2；

v、V——行车速度，v 单位为 m/s，V 单位为 km/h。

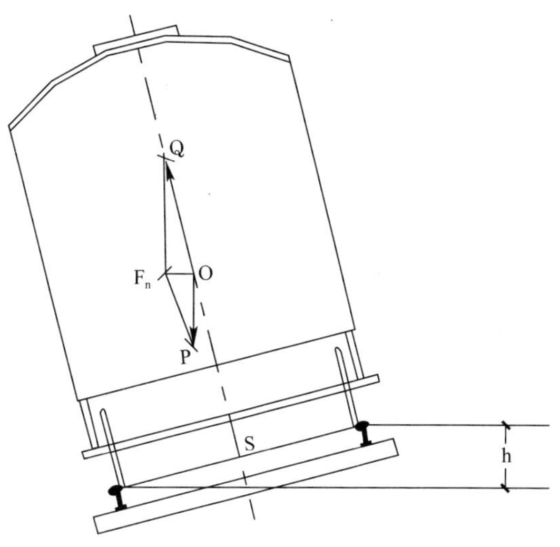

图 7-1　超高与向心力关系

由于地铁不同于客货混运的一般铁路，地铁是客运专线，故其运行的列车种类、重量、速度均较单一，可见按公式（7-3）设置的曲线外轨理论超高，可达到使内外轨荷载均等、磨耗均匀的目的。

同时，由公式（7-3）可见，当曲线半径一定时，行车速度越高，要求设置的曲线外轨超高就越大。为防止列车倾覆和保证行车安全又必须限制曲线外轨超高的最大值 h_{max}，因此，当按行车速度计算出的曲线外轨超高超过 h_{max}时，则会产生欠超高和未被平衡的离心力而影响乘客乘坐舒适度，所以对欠超高值也必须有所限制。我国客货混运铁路规定，一般情况下，曲线最大超高为 150mm，允许欠超高为 75mm，曲线限速为 $4.3\sqrt{R}$。《设规》规定曲线最大超高为 120mm，而对于欠超高值，《原设规》中未作规定，但从乘客乘坐舒适度要求考虑，根据国内外试验资料，规定允许有不超过 0.4m/s^2 的未被平衡横向加速度，据此可推算出地铁线路允许的最大欠超高值为 61.2mm；《设规》已在条文中明确：当设置的超高值不足时，一般可允许有不大于 61mm 的欠超高。有了该规定设计使用就更方便了。

地铁允许的最大欠超高值 61mm，小于客货混运铁路允许的最大欠超高值 75mm，说明允许产生的未被平衡的离心力较小，从而保证了专运旅客的地铁具有较好的乘客乘坐舒适度。

根据地铁允许的最大超高和欠超高值，由公式（7-3）可推导出适用于地铁线路各种半径曲线的限制速度 V_{qmax} 计算式为：

$$V_{qmax}=\sqrt{\frac{(h_{max}+h_{qmax})R}{11.8}} \quad (\text{km/h}) \qquad (7\text{-}4)$$

将 $h_{max}=120\text{mm}$、$h_{qmax}=61\text{mm}$ 代入公式（7-4）计算得出：

$$V_{qmax}=3.91\sqrt{R} \quad (\text{km/h}) \qquad (7\text{-}5)$$

式中　R——曲线半径，m；

h_{max}——允许的最大超高值，mm；

h_{qmax}——允许的最大欠超高值，mm。

由公式（7-5）便可简捷地计算出各种较小半径的曲线限制速度，列于表 7-1。

较小半径曲线限制速度　　表 7-1

曲线半径 R（m）	250	300	350	400	450	500	550	600	650
曲线限制速度 V_{qmax}（km/h）	61.8	67.7	73.1	78.2	82.9	87.4	91.7	95.8	99.7

《设规》规定，我国地铁设计最高速度为 100km/h，天津地铁采用 80km/h（国内现有地铁大多如此），由表 7-1 可见，当曲线半径分别为 650m 和 450m 及以上时，列车通过该曲线地段时已不限速，可按设计最高速度运行。

根据表 7-1 中的曲线限制速度，由公式（7-3）可计算出较小半径曲线外轨超高理论值为 170～179mm，按《设规》规定的最大超高值 120mm 实设，其差值即产生的欠超高为 50～59 mm，均小于地铁允许的最大欠超高值 61mm，亦即均可满足未被平衡横向加速度小于 0.4m/s^{2}的要求。

3. 线间距及加宽问题

双线并行地段两线路中心线间的距离，通常简称为线间距。

（1）直线地段最小线间距的确定

地铁线路有别于一般铁路，两线间不需设信号机和其他标志，仅需满足地铁车辆限界和两线会车安全距离的要求，故直线地段最小线间距 D 可按公式（7-6）确定：

$$D = 2 \times \frac{B}{2} + A \quad \text{(mm)} \tag{7-6}$$

式中　B——地铁选用车辆限界宽度；

A——区间两线并行直线地段双线行车不限速会车要求的安全距离。

行车速度越高，要求的 A 值越大，国外高速铁路曾发生过会车时因双向高速列车的强大气流冲击波击破车窗玻璃的事例。我国一般铁路根据有关规定，当 A 值小于 300mm 时禁止会车，当 A 值在 300～350mm 之间时，运行速度不得超高 30km/h，当 A 值大于 350mm 时可不限速会车。若 A 值过大，则占地多、工程不经济。《铁路线路设计规范》GB 50090—2006 规定当设计行速度≤140km/h 时，区间直线地段最小间距 4m，其中含机动车车辆限界两个半宽 2×1700mm 及列车信号限界宽度 2×100mm，并留 400mm 作为会车安全量。

根据上述分析，结合地铁实际，《设规》规定设计最高速度为 100km/h（低于干线铁路），由于地铁站间距离小（市区、郊区分别为 1km、2km 左右），故其实际运行速度按“V-S”曲线一般到 70～75km/h 即需制动降速；同时地铁车辆轮廓宽度比铁路机车车辆的小，故地铁最小线间距应当小于铁路的最小线间距 4m。

地铁线路的最小线间距，《原设规》中未作规定，《设规》中增列了一条规定：“相邻的双线，当两线间无墙、柱及其他设备时，两设备限界之间的安全间隙不得小于 100mm”。据此，如以国产 B 型车为例，其设备限界 1604mm，要求最小线间距为 2×1604mm 加安全间隙 100mm 等于 3308mm，取 3.4m。

如按 B 型车车辆限界宽度 2×1516mm 加上不限速会车要求的安全距离 350mm 考虑，则为 3382mm，取 3.4m。

天津地铁 2、3 号线，按原铁道第三勘察设计院限界专业提供的线间距为“不小于 3400mm”；区间高架桥设计实际采用 3.6m。天津地铁 1 号线，地面、高架直线地段最小线间距采用 3.6m，考虑 1 号线两线之间设接触轨受电，最小线间距适当留有余量。深圳、上海的地铁线亦采用3.6m。如选用国产A型车时最小线间距应为3.8m。

(2) 曲线地段线间距加宽

列车在曲线上运行时，由于车体为刚体结构不能随线路曲度而弯曲，导致车体纵向中心线与线路中心线不相吻合，使车体两端向线路外侧偏移，车体中部向线路内侧偏移；同时由于曲线外轨超高使车体倾斜也产生向曲线内侧偏移。

为满足车辆、设备、建筑限界需要和保障列车会车安全，双线并行区间曲线地段线间距应在其两端的直线地段最小线间距基础上予以加宽。其加宽量根据车辆选型、曲线半径、曲线外轨超高等计算确定。

1）圆曲线地段线间距加宽计算

《铁路线路设计规范》GB 50090—2006规定：圆曲线地段线间距加宽量按平面曲线几何偏移和竖向外轨超高引起的平面偏移进行计算。计算公式简单，并列出了加宽值表可直接查用。

《原设规》主要也是考虑这两项偏移引起的加宽量，但需结合选用的车辆具体长度、轴距、轮廓坐标等进行计算，因而计算公式有所不同。《设规》增列了曲线轨道参数及车辆参数变化引起的加宽量计算（非强制性条文），计算公式繁杂，且在土建工程设计先期阶段难以实施。天津地铁2、3号线初步设计中，和1号线一样，仍沿用《原设规》中的基本公式计算加宽量，只是计算加宽量的控制点坐标值采用设备限界控制点坐标值，比《设规》按车辆轮廓控制点坐标值计算的加宽量留有余量，其计算式为：

曲线地段内侧加宽量：$$E_{内}=\frac{L_1^2+a^2}{8R}+X''_6\cos\alpha+Y''_6\sin\alpha-X''_6\quad(\mathrm{mm})\tag{7-7}$$

曲线地段外侧加宽量：$$E_{外}=\frac{L_0^2-(L_1^2+a^2)}{8R}+X''_9\cos\alpha-Y''_9\sin\alpha-X''_9\quad(\mathrm{mm})\tag{7-8}$$

式中 L_0——车体长度，mm；

L_1——车辆定距，mm；

a——车辆固定轴距，mm；

R——圆曲线半径，mm；

α——车体竖向倾角，$\alpha=\sin^{-1}\dfrac{h}{S}$；

h——曲线外轨超高，mm；

S——内外轨头中心距离，取1500mm。

天津地铁采用B型车，代入上列车辆参数后可简化计算式为：

$$E_{内}=20506250/R+X''_6\cos\alpha+Y''_6\sin\alpha-X''_6\quad(\mathrm{mm})\tag{7-9}$$

$$E_{外}=24618752/R+X''_9\cos\alpha+Y''_9\sin\alpha-X''_9\quad(\mathrm{mm})\tag{7-10}$$

式中 (X''_6, Y''_6)、(X''_9, Y''_9)——直线地段设备限界控制点坐标值。

曲线地段线间距总加宽量W为$E_{内}$、$E_{外}$之和，即$W=E_{内}+E_{外}$。

结合天津地铁实际，1号线采用三轨受电B型车（控制点坐标为(X''_{4TF}, Y''_{4TF})、(X''_9, Y''_9)），2、3号线采用接触网供电B型车（控制点坐标为(X''_6, Y''_6)、(X''_9, Y''_9)），分别按公式（7-9）、公式（7-10）计算出曲线地段线间距加宽量列于表7-2，供设计参考。当选用不同车辆时，应按限界专业提供的正式资料进行检算。

曲线地段线间距加宽量　　表 7-2

曲线半径 R（m）	250	300	350	400	450	500	600	700	800	1000	1200	1500	2000	附注
内侧加宽 $E_{内}$（mm）	340	326	316	309	303	299	292	255	230	183	147	122	87	1 号线
外侧加宽 $E_{外}$（mm）	92	75	64	55	48	42	34	29	26	22	18	15	12	
两线间加宽 $W=E_{内}+E_{外}$（mm）	432	401	380	364	351	341	326	284	256	205	165	137	99	
内侧加宽 $E_{内}$（mm）	345	331	322	314	309	304	297	260	235	186	150	124	88	2 号、3 号线
外侧加宽 $E_{外}$（mm）	78	63	52	43	36	30	22	19	17	14	12	10	8	
两线间加宽 $W=E_{内}+E_{外}$（mm）	423	394	324	357	345	334	319	279	252	200	162	134	96	

2）缓和曲线地段线间距加宽问题

铁路缓和曲线地段由于其曲线曲率及外轨超高皆是变数，其内、外侧加宽量与车辆的两个转向架所处具体位置有关，如两个转向架均在缓和曲线范围内，或一个转向架在缓和曲线上，而另一个转向架在直线上或圆曲线上，则加宽量各不相同，计算繁杂，设计、施工不便。在地铁实际设计中，缓和曲线地段线间距加宽量及建筑限界计算通常参照《铁路隧道设计规范》TB 10003—2005 规定的分段加宽方法，并用地铁车辆的有关参数修正其加宽延伸长度，如天津地铁 2、3 号线设计中，在矩形隧道内缓和曲线地段拟分两段加宽：自圆曲线至缓和曲线中点，并向直线方向延长 11m，采用圆曲线加宽值；其余缓和曲线，自直缓分界点向直线段延伸 19m，其加宽值取圆曲线加宽值的一半。

3）地面、高架线路曲线地段线间距加宽问题

《铁路线路设计规范》GB 50090—2006 规定：当区间直线地段为最小线间距 4m 时，曲线地段必须按规定加宽。地铁中的地面、高架线路为少占地、省工程，一般也应采用最小线间距，如（1）所述，区间直线地段最小线间距宜为 3.6m。至于曲线地段是否应加宽和如何加宽，新旧两版《设规》均未作出规定。根据上述最小线间距的分析，由于在曲线上车体两端向线路外侧偏移，中部向线路内侧偏移，曲线外轨超高使车体向曲线内侧倾斜，势必都要侵占两线之间的空间，但为了保证两线不限速会车要求，两线间必须确保必要的安全距离，可见地铁中的地面、高架线路直线地段采用最小线间距时，曲线地段也必须按规定加宽。加宽方法较简单，即在缓和曲线范围内渐变达到圆曲线加宽量即可。天津地铁 1 号线南段土城至双林高架线路曲线地段均考虑了加宽。

4）线间距加宽的实施

① 确定线间距最终加宽量

曲线地段线间距最终加宽量应按公式（7-11）计算确定：

$$W'=(D_{min}\times 10^{3}+W)-D\times 10^{3} \tag{7-11}$$

式中　W'——曲线地段线间距最终加宽量，mm，当 $W'\leqslant 0$ 时可不加宽；

D_{min}——直线地段最小线间距 3.6m；

W——曲线地段线间距加宽量计算值，mm；

D——曲线两端直线地段的设计线间距，m。

当曲线两端直线地段的设计线间距 D 不相等时，应先分步（步长 10m 或 20m）计算曲线上各点线间距 S 并检算各点是否满足 $S \geqslant D+W$，否则按其相差数确定最终加宽量。

② 线间距加宽实施方法

两线并行地段曲线线间距加宽通常采用加长内侧线缓和曲线长度的方法完成。内侧线缓和曲线长度可按公式（7-12）计算得出：

$$L_n = \sqrt{24R_n\left(\frac{L_w^2}{24R_w} + W' \times 10^{-3}\right)} \tag{7-12}$$

式中　L_n——内侧线缓和曲线长度，m，取整 5m；

L_w——外侧线缓和曲线长度，m，按表 7-1 中相应速度在《设规》缓和曲线表中查取；

R_n——内侧线曲线半径，m；

R_w——外侧线曲线半径 m；

W'——曲线地段线间距最终加宽量，mm，当 $W' \leqslant 0$ 时可不加宽。

4. 并行地段左线圆曲线半径的确定

与一般铁路不同，地铁应为右侧行车的双线铁路，线路设计通常以右线为基准，其圆曲线半径一般设计为整数；左线按同心圆设计，其半径按公式（7-13）计算确定：

$$\begin{aligned} R_{左} &= R_{右} \pm D \pm W \\ &= R_{右} \pm D \pm \Delta P \end{aligned} \tag{7-13}$$

式中　$R_{左}$、$R_{右}$——分别为左、右线圆曲线半径，m；

D——直线地段最小线间距，m；

W——曲线地段线间距加宽量，由表 7-2 查取；

ΔP——左、右线缓和曲线内移量的差值。

式中正、负号，右偏角曲线取正号，左偏角曲线取负号。

实际设计中通常采用左、右线匹配不同缓和曲线长度，利用其内移量的差值 $\Delta P \geqslant W$ 值来满足线间距加宽的要求。因此，首先要计算出左、右线匹配的缓和曲线内移量及其差值。

地铁线路缓和曲线线型一般采用铁路常规三次抛物线，其内移量可按公式（7-14）计算：

$$P = \frac{L^2}{24R} - \frac{L^4}{2688R^3} \tag{7-14}$$

式中　P——缓和曲线内移量，m；

R——圆曲线半径，m；

L——缓和曲线长度，m。

根据公式（7-14）可计算出各种半径曲线选用不同缓和曲线长度时的内移量，列于表 7-3，设计时可方便地直接查取并计算出左、右线差值 ΔP，检算该差值是否满足 $\Delta P \geqslant$

W 要求，不满足时则重新选配。

缓和曲线内移量　　　　**表 7-3**

R	V	100	95	90	85	80	75	70	65	60	55	50	45	40	35	30
3200	L	30	25	20												
	P	13	9	6												
2500	L	35	30	25	20	20										
	P	20	15	10	7	7										
2000	L	40	35	30	25	20	20									
	P	33	26	19	13	8	8									
1500	L	55	50	45	35	30	25	20								
	P	84	69	56	34	25	17	11								
1200	L	70	60	50	40	35	30	25	20	20						
	P	170	125	87	56	43	31	22	14	14						
1000	L	85	70	60	50	45	35	30	25	25	20					
	P	301	204	150	104	84	51	36	26	26	17					
800	L	85	80	75	65	55	45	40	35	30	25	20				
	P	376	333	293	220	158	105	83	64	47	33	21				
700	L	85	80	75	70	60	50	45	35	30	25	20	20			
	P	430	381	335	292	214	149	121	73	54	37	24	24			
650	L	85	80	75	70	60	55	45	40	35	30	20	20			
	P	463	410	360	314	231	194	130	103	78	58	26	26			
600	L		80	75	70	70	60	55	45	35	30	20	20	20		
	P		444	391	340	340	250	210	141	85	63	28	28	28		
550	L			75	70	70	65	55	45	40	35	20	20	20		
	P			426	371	371	320	229	153	121	93	30	30	30		
500	L				70	70	65	60	50	45	35	20	20	20	20	
	P				408	408	52	300	208	169	102	33	33	33	33	
450	L					70	65	60	55	50	40	25	20	20	20	
	P					454	394	333	280	231	148	58	37	37	37	
400	L						65	60	60	55	45	25	20	20	20	
	P						440	375	375	315	211	65	42	42	42	
350	L							60	60	60	50	30	25	20	20	20
	P							428	428	428	298	107	74	48	48	48
300	L								60	60	60	35	30	25	20	20
	P								500	500	500	170	125	87	56	56
250	L									60	60	40	35	30	20	20
	P									600	600	267	150	104	67	67
200	L										60	40	40	35	25	20
	P										750	333	333	255	130	83
150	L												40	40	40	25
	P												444	444	444	174

注：R——曲线半径，m；V——设计速度，km/h；L——缓和曲线长度，m；P——缓和曲线内移量，mm，$P=\frac{L^2}{24R}-\frac{L^4}{2688R^3}$。

5. 合理配置缓和曲线长度

《设规》中列有各种曲线半径对应不同行车速度的“缓和曲线表”，表列缓和曲线长度均可保证行车安全和乘客乘坐舒适度要求。但应注意的是，在设计中对某一半径圆曲线配置缓和曲线长度时，不可随意择取，无特殊理由，应严格按表 7-1 所列的曲线限制速度（通常按 5km/h 取整值）选取与之相匹配的或较长的缓和曲线长度，即使为满足曲线加宽要求配置较短的缓和曲线时，其长度也应与曲线限制速度相匹配，以避免因缓和曲线长度的限制而降低了曲线地段的行车速度。

6. 线路纵断面竖曲线设计

在线路纵断面的变坡点处设置的竖向圆弧称为竖曲线。

(1) 竖曲线设置的必要性

在线路纵断面上，若各坡段直接连成折线，则列车通过变坡点时产生的车辆振动和局部竖向加速度增大，乘客乘坐舒适度降低。同时车辆处在最不利位置时，可能导致车辆脱轨或相邻车辆脱钩，影响行车安全。所以必须在变坡点处用竖曲线把折线断面平顺地连接起来，以保证行车安全和乘客乘坐舒适度。

《铁路线路设计规范》GB 50090—2006 规定：当相邻坡段坡度代数差大于 3‰（Ⅰ、Ⅱ级铁路）、4‰（Ⅲ级铁路）时应设置竖曲线连接。地铁《设规》规定设置竖曲线的相邻坡段坡度代数差为大于等于 2‰，可见更有利于客运专线提高乘客乘坐舒适度。

(2) 竖曲线设计要素的确定

竖曲线线型按《设规》规定为圆曲线型，其半径大小与行车速度有关，速度越高要求的半径越大，结合地铁实际行车速度，《设规》规定：区间一般采用 5000m，困难情况下采用 3000m；车站端部一般采用 3000m，困难情况下采用 2000m；联络线、出入段线、车场线均采用 2000m。

竖曲线的其他几何要素计算较简单：

竖曲线切线长：
$$T=\frac{R_{SH}\Delta i}{2000}\quad (\mathrm{m}) \tag{7-15}$$

竖曲线长度：
$$L\approx 2T\quad (\mathrm{m}) \tag{7-16}$$

竖曲线外矢距：
$$E_0=\frac{T^2}{2R_{SH}}\quad (\mathrm{m}) \tag{7-17}$$

式中　R_{SH}——竖曲线半径，m；

Δi——相邻坡段坡度代数差的绝对值。

为求取竖曲线上任意点轨顶高程的调整量，可按公式（7-18）计算竖曲线纵距 y，凹形竖曲线取正值，凸形竖曲线取负值。

$$y=\pm\frac{x^2}{2R_{SH}}\quad (\mathrm{m}) \tag{7-18}$$

式中　x——切线上计算点至竖曲线起点的距离，m。

(3) 竖曲线最低点的确定

对于地下区间线路中相邻坡段坡度相差很大的凹形竖曲线地段，其最低点与纵断面变坡点偏离距离较大（最大可达约 60m），为设置地下区间排水泵站集水井，往往需要找出纵断面最低点的准确位置及高程，具体计算方法详见第 10 章第 3 节中相关内容。

最后说明一点：本章原文原曾刊载于《铁道标准设计》2004 年第 1 期，当时依据的是《地铁设计规范》GB 50157—2003，该规范现已更新为 2013 年版，具体工程设计应以现行设计规范为准。

第 8 章　城市轨道交通市郊线特点与线路设计参数研讨

我国各大城市经过近 20 年的迅速发展，城市轨道交通已进入网络化的新阶段，市区外的市郊线路建设势必相应加快，以实现城市建设可持续发展。城市轨道交通郊区段（中心城市轨道交通的延长段）和市郊线的建设，已成为各大城市调整产业结构、引导卫星城镇发展、规划居民迁移、实现经济可持续发展的重要手段。根据发达国家的经验，大城市市郊线的长度及数量远大于市区轨道交通线。我国是发展中国家，实际上，我国各大城市如天津、大连、广州、上海等也已建成和正在建设或规划安排了到主要卫星城镇、郊区的轨道交通线。市郊线路与市区线路在功能定位、客流特征、运营组织、行车速度及线路技术参数、各系统设备制式等诸多方面均不尽相同，而目前我国尚无市郊线相应的技术标准、设计规范，国内已建成或在建的市郊线基本还是参照地铁技术制式进行建设。本章针对市郊线特点，仅就与线路平、纵断面相关的主要技术参数进行研讨。

1. 市郊线特点

市郊线路不同于市区线路，其基本功能、设站原则、敷设方式等具有以下特点：

（1）市郊线基本功能

市郊线是为市域范围中长距离乘客服务的。主要目的是把卫星城镇、住宅集中地的居民“点到点”地尽快送达市中心区，其次是解决沿线居民相对集中地点的居民出行问题。可见市郊线的主要任务并不是为了解决卫星城镇的道路拥堵问题，而是为了减少这些地区居民驾驶私家车或乘公交车直接进入市中心区，从而间接减轻了市中心区的道路交通压力，缓解了市中心区的交通拥堵。

（2）市郊线设站原则

为了提高市郊轨道交通与私家车、公交车的竞争能力，以吸引更多的郊区居民选择市郊线出行，市郊线对客流应体现“点到点”为主，其次兼顾沿线的理念，并遵循普遍认可的自出发地到达目的地 1h 的原则。由于市郊线路的长度一般长于市区线路，这就要求市郊线比市区线应具备较高的行车速度和旅行速度条件，因此市郊线路区间车站分布不能过密，避免停站过多降低了全线旅行速度。市郊线的站间距离，应根据其所在地区线网的功能定位、沿线既有或规划城镇分布及客流量等具体情况设计，各线情况不同，难以统一规定站间距离，根据有关资料，郊区近郊线站间距一般为 2～3km，郊区远郊线站间距一般为 3～4km。对于站间距过大的区间和尚未实施的规划城镇车站可采取初期预留设站条件，届时可根据需要开站运营。对于较长的市郊线必要时在有条件的部分车站可考虑增设避让越行轨道，创造条件为市郊线组织快慢车运输，从而保证“点到点”的客运时效。各站具体设置位置应注意与沿线其他交通如公交、轨道线网的衔接，给乘客提供便捷的换乘条件。

（3）市郊线敷设方式

线路敷设方式不外乎地下、高架、地面三种，各有其特点和适用条件，不同的敷设方式工程造价和对周边环境的影响差别甚大，三种敷设方式的土建工程造价比大体为3∶2∶1；就线路对周边环境的影响而言，市郊线与市区线有较大差别，市区线经行道路、建筑物密集的繁华地区时，为避免对沿线环境的干扰应采用地下线，而市郊线大部分地处郊区，沿线多有建筑物稀少的空旷地带，有条件时尽可能采用地面线或高架线，以节省大量工程投资。对村舍密集的局部地段，因地面线、高架线产生的噪声，采取现代降噪技术措施完全可以达到符合环境标准（发达国家大城市现有的市郊铁路大多是地面线或高架线）。

地面线的突出问题是，为实现轨道交通的封闭运行而设置的隔离栅栏隔断了线路两侧的横向交通，应注意做好沿线交叉道路的立交设置，对道路密布的近郊地段则宜采用高架线形式。总之，市郊线的敷设方式一般宜采用地面线或高架线，设计时应根据线路所在地段具体条件而定。例如，天津市市政工程设计研究总院完成的天津市区至静海团泊新城的市郊线预可研报告，该线与团泊快速路并行地段约6km，为利用团泊快速路为轨道交通预留的13m宽的中央分隔带，线路基本沿团泊快速路中线敷设，鉴于团泊快速路为节省初期工程投资，与之相交的道路初期按平交道口通过，远期改建为立交。而市郊线因系封闭运行的轨道交通，团泊快速路与相交道路应按远期立交形式一次建设到位，方可保证相交路口的通行要求。故研究报告建议，如团泊快速路与道路交叉口初期即按立交一次建成，则市郊线可按地面线敷设，可显著降低工程造价，并可避免远期改造工程和运营干扰，节省总体工程投资。又如该线在团泊洼地段沿新城规划路中敷设，由于团泊洼为天津市规划泄洪蓄洪区，若按地面线敷设，考虑防洪要求，路基高度约为7m，影响道路通视和新城景观，并须加宽道路宽度，影响沿线新城规划建设；加之本段地处低洼，地基加固处理工程及路堤本体防洪工程投资都很大，且在滞洪时段内，路基高水位长时间浸泡后还难免产生路基病害而影响轨道交通正常运营，可见该段显然不宜采用地面线，设计推荐采用高架线。

2. 市郊线线路设计参数研讨

本章仅就市郊线平、纵断面设计的几个主要技术参数进行研讨。

（1）行车速度目标值的设定

行车速度是研究确定线路技术参数的前提条件。《地铁设计规范》GB 50157—2003是按最高运行速度100km/h编制的，并规定“地铁列车的旅行速度一般不低于35km/h。设计最高运行速度大于80km/h的系统，列车旅行速度应相应提高”。对于市郊线的行车速度目标值，目前国内尚未作出统一规定。如前所述，市郊线的客运功能定位有别于市区线，为保证位于距市中心30～50km半径边缘的郊区卫星城镇至市中心出行时间控制在1h以内，要求市郊线比市内地铁需适当提高最高运行速度和旅行速度。国外资料显示，适用于郊区的电动车组（或电力机车牵引、内燃牵引）最高运行速度达100～160km/h。国内有关资料建议：卫星城镇距市中心小于30～40km的近郊，选择最高运行速度100～120km/h为宜，旅行速度要达到45～60km/h；郊区新城距市中心大于40km的远郊，最高运行速度宜采用120～160km/h，旅行速度可达60～70km/h。本章暂按此建议设定行车速度目标值研讨下列几个主要技术参数。

（2）曲线外轨超高及限值

由于是客运专线，不同于客货混运的常规铁路，其运行的列车种类、重量、速度单一，按公式（8-1）计算设置的曲线外轨超高，可达到平衡离心力、使内外轨垂直受力及荷载均等、磨耗均匀的目的。

$$h = 11.8\frac{V^2}{R} \tag{8-1}$$

式中　R——曲线半径，m；

V——运行速度，km/h；

h——曲线外轨超高，mm。

市郊线与市区线同属客运专线性质，其曲线外轨超高限值尚无相应规范作出具体规定，可遵循《地铁设计规范》GB 50157—2003 总则中第 1.0.2 条规定："改建、扩建和最高运行速度超过 100km/h 的地铁工程，以及其他类型的城市轨道交通相似工程，可参照执行"。即市郊线最大超高采用 120mm，欠超高则建议取整 60mm 更符合铁路常规。

(3) 最小曲线半径

对于最高运行速度 100km/h 及以下的地铁、轻轨线路，其最小曲线半径，《地铁设计规范》GB 50157—2003 中已有明确规定。对于最高运行速度 $100\text{km/h}<V\leqslant160\text{km/h}$ 的轨道交通，列车按最高速度不限速运行地段要求的线路最小曲线半径可按公式（8-2）计算确定：

$$R_{\min} \geqslant \frac{11.8}{h}V^2 = 11.8\frac{V^2}{h_{\max}+h_q} \tag{8-2}$$

式中　$R_{\min}$——最小曲线半径，m；

V——运行速度，km/h；

h——曲线外轨超高，mm；

$h_{\max}$——允许最大超高，mm；

h_q——允许最大欠超高，mm。

按《地铁设计规范》GB 50157—2003 $h_{\max}$取 120mm，h_q取 60mm，公式（8-2）可简化为：

$$R_{\min} = 0.065V^2 \quad (\text{m}) \tag{8-3}$$

按公式（8-3）计算得出对应不同最高运行速度的市郊线要求的最小曲线半径（按 50m、100m 取整），列于表 8-1。

市郊线要求的最小曲线半径　　表 8-1

运行速度（km/h）	100	120	140	160
最小曲线半径（m）	650	1000	1300	1700

(4) 曲线限速

线路由于受沿线地形、既有或规划道路、重要建（构）筑物等控制，实际设计曲线半径往往小于表 8-1 所列半径，列车通过该曲线地段时，为保证行车安全和满足乘客乘坐舒适度要求，列车必须限速运行。列车通过曲线地段时允许的最高速度，通常简称为曲线限速，应根据曲线半径、曲线外轨超高和乘客乘坐舒适度要求计算确定，其计算公式为：

$$V_{\max} \leqslant \sqrt{\frac{(h_{\max}+h_q)R}{11.8}} = 3.9\sqrt{R} \quad (\text{km/h}) \tag{8-4}$$

式中各参数含义同前。

按公式（8-4）计算得出的较小半径的曲线限制速度（按 5km/h 向低取整）列于表 8-2。

市郊线曲线限制速度　　表 8-2

曲线半径（m）	300	350	400	450	550	650	700	800	1000	1200	1500	2000
限制速度（km/h）	65	70	75	80	90	95	100	110	120	135	150	170

相对于客货混运的常规铁路，按其规定的最大超高 150mm，允许欠超高 75mm，其曲线限速计算公式为 $V_{max}=4.3\sqrt{R}$。相比较，可见作为客运专线的城市轨道交通具有较好的乘客乘坐舒适度。

(5) 缓和曲线线型及长度

在直线与圆曲线间为满足曲率过渡、轨距加宽和超高过渡，以保证行车安全和乘客乘坐舒适度，必须设置适当线型和适当长度的缓和曲线。

1）缓和曲线线型

缓和曲线线型，一般根据线路行车速度选择，根据市郊线行车速度目标值设定，考虑国内通常采用的三次抛物线型缓和曲线具有线型简单、长度短而实用、便于养护维修的优点，也被国外同类铁路广泛采用，故市郊线仍沿用立面超高为直线顺坡，平面为三次抛物线的缓和曲线。

2）缓和曲线长度

缓和曲线长度应保证列车运行安全，并满足乘客乘坐舒适度要求。一般按下列三个条件进行计算取其大者：限制超高顺坡率不致使车轮脱轨，限制超高时变率不致引起乘客不适，限制未被平衡离心加速度时变率不致引起乘客不适。经计算分析，对缓和曲线长度起控制作用的是应满足超高顺坡率和超高时变率的要求。据此，对于行车速度 100km/h 及以下的线路，《地铁设计规范》GB 50157—2003 将不同速度对应不同半径曲线要求的缓和曲线长度已列表显示，可直接查取；对于行车速度 100～160km/h 的市郊线的缓和曲线长度，可参照《铁路线路设计规范》GB 50090—2006 中的“缓和曲线长度表”执行。

(6) 最小线间距

城市轨道交通采用双线运行。对区间两线并行地段的地面线、高架线为少占地、省工程量，两线间理应采用最小线间距。该最小线间距为多少，《地铁设计规范》GB 50157—2003 未给出明文规定，仅在第 4.6.1 条作了如下规定：“相邻的双线，当两线间无墙、柱及其他设备时，两设备限界之间的安全间隙不得小于 100mm”。据此按三种型号国产车辆的设备限界计算得出的地面线、高架线直线地段最小线间距列于表 8-3。

按设备限界控制点计算的直线地段最小线间距　　表 8-3

车型	设备限界控制点坐标值（mm）	规范规定最小安全间隙（mm）	直线地段最小计算线间距（mm）
	地面线、高架线		地面线、高架线
A 型车	27″—1772	≮100	≥3644
B_1 型车	28″—1648	≮100	≥3396
B_2 型车	23″—1648	≮100	≥3396

笔者认为，两线间既然“无墙、柱及其他设备”，那么两线间距离与设备限界已无直接关系，如改为按车辆限界控制并相应加大间隙距离，就好理解了。经检算，国产三种车型的车辆限界和设备限界对应控制点坐标差值为 81～94mm，取整为 100mm，据此，如规范该条文改为按车辆限界控制，则其限界之间的安全间隙由 100mm 增大为 200mm 即可。

笔者建议，还可以比照《铁路线路设计规范》GB 50090—2006 中的办法，结合地铁车辆、行车速度，按车辆限界宽度加会车安全要求距离采用公式（8-5）计算确定区间最小线间距：

$$D_{min} = 2X_{cx} + A \quad (mm) \tag{8-5}$$

式中　D_{min}——区间直线地段最小线间距；

X_{cx}——选用车型的车辆限界控制点坐标（车辆限界半宽）；

A——双方向不限速会车要求的安全距离。

行车速度越高，要求的 A 值越大。我国一般铁路规定，当 A 值大于 350mm 时可不限速会车。据此，同样以国产三种车型的车辆限界，按公式（8-5）计算得出的区间双线并行直线地段最小线间距列于表 8-4。

按会车安全距离计算的直线地段最小线间距　　表 8-4

车型	车辆限界控制点坐标值（mm）	会车安全距离（mm）	直线地段最小计算线间距（mm）
	地面线、高架线		地面线、高架线
A 型车	27′—1678	>350	>3706
B_1 型车	29′—1560	>350	>3470
B_2 型车	23′—1554	>350	>3458

对比表 8-3、表 8-4 中的数据可以看出，按会车安全距离计算得出的最小线间距略大于按设备限界控制计算得出的最小线间距。考虑留有适当余量，当采用 B 型车时，地面线、高架线直线地段最小线间距宜为 3.6m，如天津地铁 1、2、3 号线及津滨轻轨等均采用 3.6m；当采用 A 型车时，最小线间距应为 3.8m，例如上海地铁 1 号线等。

对于市郊线，当运行速度高于 100km/h 时，现有的国产三种定型车辆的构造速度已不适应要求，市郊线区间双线并行地段的最小线间距也应按选用车辆的相关参数计算确定。《铁路线路设计规范》GB 50090—2006 规定："当旅客列车最高行车速度等于、小于 140km/h 时，直线地段最小线间距为 4.0m。"这是按车辆限界半宽 1700mm、车载信号设备限界宽度 100mm、列车间留安全量 400mm 计算得出的，即 2×（1700＋100）＋400＝4000mm。当旅客列车最高行车速度接近 160km/h 时，为防止会车时引起客车车窗玻璃破损及敞车篷布飞扬等情况发生，《地铁线路设计规范》GB 50090—2006 规定最小线间距由 4.0m 放宽到 4.2m。

由于市郊线为客运专线，不运行货物列车，其车辆宽度较窄，若考虑连接市区线的包容性，宜仍选用车体宽度为 3.0m、2.8m 的车辆，则运行速度 100～160km/h 时的市郊线最小线间距理应小于上述客货运共线铁路的 4.0m 或 4.2m，具体应根据所选用车辆按既保证安全又节省工程投资的原则进行研究计算确定。

（7）线路最大坡度

正线最大坡度是线路的主要技术条件之一，对线路的工程造价及运营条件都有较大的影响。对于运行速度 100km/h 及以下的市郊线，《地铁设计规范》GB 50157—2003 已作出明确规定："正线的最大坡度不宜大于 30‰，困难地段可采用 35‰"。这是根据国产 A、B 两种车型，按动、拖编组方式，运行时一辆动车失去动力的最不利情况下，验算超员载客重车停在大坡道上启动问题而确定的。如前所述，对于市郊线当设定运行速度大于

100km/h 时，国产 A、B 定型车辆的构造速度已不适应要求，当选用或研制另型车辆时，其技术参数不同，根据列车编组、牵引方式，可选择动力分散型的电动车组或内燃动车组，对于站间距离较大而运量不太大的线路也可采用动力集中型电力牵引方式，以降低车辆购置费。目前国内尚缺乏这方面的系统研究，也无相应规范可循，因此对这类市郊线的正线最大坡度尚无明确规定。仅从工程、运营条件而言，笔者认为该最大坡度不必要也不宜过大，因大城市的市郊线大多地处平原，如拟用正线最大坡度 20‰或 25‰足以满足区间跨路立交争取高程的需要，运营条件也相对较好。例如 2004 年建成的津滨轻轨，其技术标准规定正线最大坡度为 25‰，实际设计中全线仅有 2500m 的坡段用足此坡度，仅占线路全长的 5%，该线交付运营多年来情况良好。

(8) 竖曲线半径

为缓和变坡点坡度的急剧变化，使列车通过变坡点时产生的附加加速度不超过允许值，以保证行车平稳和乘客乘坐舒适度，相邻坡度差大于一定限度时应在变坡点处设置圆曲线型竖曲线。竖曲线半径 R_v 与行车速度 V（km/h）及附加加速度 α_v（m/s^2）的关系为：

$$R_v = \frac{V^2}{3.6^2 \alpha_v} \quad (m) \tag{8-6}$$

《地铁设计规范》GB 50157—2003 根据国外资料 α_v 取值范围并结合地铁实际，规定区间线路竖曲线半径采用 5000m，困难地段采用 3000m，车站端部一般情况下采用 3000m，困难情况下采用 2000m。对于行车速度 100km/h<V≤160km/h 的市郊线目前尚无相应规范可循，对此本章拟作如下初步探讨：

由公式（8-6）可知，当速度 V 一定时，竖曲线半径 R_v 的大小取决于附加加速度 α_v 的取值，根据国外资料，当 α_v 值在 0.3～1.0m/s^2 范围内时，不致引起乘客的不舒适感觉。国外高速客运专线一般取值 0.2～0.35m/s^2，困难条件下取值 0.5～0.6m/s^2。我国广深线 200km/h 试验段采用 0.15m/s^2，适用于旅客列车设计行车速度 160km/h 的《铁路线路设计规范》GB 50090—2006 中 α_v 取值为 0.15m/s^2 和 0.2m/s^2。对于行车速度目标值设定为 100km/h<V≤160km/h 的市郊线，如 α_v 取值为 0.2m/s^2，则计算得出的竖曲线半径列于表 8-5。

市郊线竖曲线半径计算值　　　　**表 8-5**

V（km/h）	120	140	160
R_v（m）	5600	7600	9900

按铁路常规取整采用竖曲线半径 10000m；车站端部速度较低可采用 5000m。

关于竖曲线的最小相邻坡度差限度，《地铁设计规范》GB 50157—2003 规定为 2‰，《铁路线路设计规范》GB 50090—2006 规定："当路段设计速度小于 160km/h 时，该坡度差限度为大于 3‰"。当速度为 160km/h 时，规定为大于 1‰"。按这三种坡度差限度计算得出的变坡点处轨顶高程调整量分别为 5mm、11.3mm、1.3mm，可见如按坡度差 1‰设竖曲线，其轨顶高程调整量甚小（1.3mm），难以施测，故可不设竖曲线；如按坡度差 3‰不设竖曲线，则轨顶高程调整量相对较大，将影响行车平顺性和乘客乘坐舒适度。考虑市郊线与地铁同为城市轨道交通客运专线，宜采用同一标准即相邻坡度差等于、大于

2‰时设置竖曲线。

(9) 其他

圆曲线和夹直线最小长度、最短坡度长度等可参照相关规范执行或依据制定原理确定，不再赘述。

最后说明一点：本章原文曾刊载于《城市轨道交通研究》2008 年第 9 期，当时依据的是《铁路线路设计规范》GB 50090—2006，该规范现已更新为《铁路线路设计规范》TB 10098—2017，具体工程设计应以现行设计规范为准。

第 9 章　地铁地面铁路联络线线路技术标准问题研讨及建议

1. 联络线修建意义

地铁在建设和运营期间需要运进车辆、建设器材及大型设备，因其重量、体形或长度很大，由道路运输困难很多，甚至会受到运输线路上桥梁载重或净空的限制。因此要求地下铁道通过地面车辆段设置联络线与地面铁路衔接，提供便捷、经济的直接运输途径。《地下铁道设计规范》GB 50157—1992 在总则中明文规定："在地下铁道路网中，至少应有一个车辆段设置连接地面铁路的专用线。"据此天津地铁 1 号线选在复兴门站附近与就近的造纸厂铁路专用线之间设计了联络线。2003 年颁布的《地铁设计规范》GB 50157—2003（以下简称《设规》）已无此条文规定，但考虑地铁车辆、大型设备运输的实际需要，有条件时一般仍考虑修建与地面铁路的联络线，例如天津地铁 2、3 号线，仍然在 2 号线的曹庄停车场设置了与地面铁路的联络线。

2. 联络线线路主要技术标准

新、旧两版《地铁设计规范》对地面铁路联络线技术标准均未作出明确规定，仅在 1992 年版规范总则中提到："连接地面的铁路专用线，应符合国家现行有关铁路规范的规定"。考虑到联络线属于地铁辅助线路，不行驶载客车辆，行车速度较低，其运量也不大，地铁运营后使用频率更低，故线路技术标准也应较低，根据联络线的运营特点，对照国家有关铁路规范，发现其与《工业企业标准轨距铁路设计规范》GBJ 12—1987 中Ⅲ级线标准较为接近，经综合分析研究，并结合地铁工程设计实践，对联络线线路主要技术标准如线路平、纵断面、轨道、路基设计及与道路平、立交设置等提出如下建议：

（1）线路平面

1）最小曲线半径

地铁与地面铁路的联络线，地处城市市（郊）区，线路受既有道路、建筑物等诸多控制，线位选择自由度小，往往必须采用较小曲线半径，最小可按不小于机车通过最小曲线半径考虑，一般可采用 150m。

2）缓和曲线

最短可采用 20m，与铁路接轨停车、折返地段由于行车速度很低，可不设缓和曲线，以充分利用场地，紧凑布置停车、折返线路，节省工程投资。

3）圆曲线最小长度、相邻两曲线间夹直线长度

均可采用 20m。

（2）线路纵断面

1）最大坡度问题

地面铁路联络线的最大坡度是一个值得探讨的问题。

《设规》第 5.3.1 条规定："正线的最大坡度不宜大于 30‰，困难可采用 35‰，联络线、出入线的最大坡度不宜大于 40‰（均不考虑坡度折减值）。"根据该条条文说明，这几个坡度限值是按地铁列车动拖编组方式通过检算确定的，可见此处的联络线是指地铁路网之间的联络线，而地铁与地面铁路之间的联络线，如套用该最大坡度 40‰显然是不合适的，因其行驶的列车并非地铁列车，而是采用内燃机车牵引的普通列车，故应根据采用的机车类型及设计的牵引定数确定线路最大坡度值。如参照《工业企业标准轨距铁路设计规范》GBJ 12—1987Ⅲ级线标准，采用内燃机车牵引的线路最大坡度为 30‰。结合地铁地面铁路联络线特点，因受地铁限界控制，如线路中心线至站台边缘距离，铁路为 1750mm，而地铁为 1400mm 或 1500mm，故铁路的一般机车、车辆不能进入地铁正线运行，联络线运营列车一般利用地铁车辆段配属的小型内燃机车及平板车。故联络线坡度宜尽可能设计为较缓坡度。同时还应考虑到，联络线在运营中多为重车上坡，列车在曲线地段上坡行驶，曲线阻力是客观存在的，其阻力当量坡度按《铁路线路设计规范》GB 50090—2006 规定为 $600/R$，设计中必须按此值考虑折减坡度。地处城市市（郊）区的联络线，往往因地铁与接轨铁路的高程差较大，或因平、立交道口高程控制，必须采用较大的坡度，此时应根据实际设计坡度（含曲线折减）及设计牵引定数（如按一次牵引 6 节或 4 节地铁车辆计算确定），配置符合地铁限界要求和牵引力满足需要的非标内燃机车。例如 2006 年建成的天津地铁 1 号线复兴门联络线，因受相距仅 224m 的一处立交净高和一处平交道口高程控制，线路纵断面设计最大坡度 33‰（该坡段平面曲线半径为 150m），经牵引检算，拟配置一台 600 马力专用内燃机车，当首批 4 节地铁车辆到货时，因该专用内燃机车尚未到货，改用 500 马力内燃机车牵引借助动能闯坡通过联络线并经 2.7km 地铁正线顺利运进双林车辆段。

2）纵断面坡段长度及连接

纵断面宜设计为较长的坡段，但因联络线上行驶的列车长度较短，如按牵引 6 节地铁车辆加上内燃机车长度，则列车长度约 140m，按一列车长度范围内不出现两个变坡点考虑，最小坡段长度可采用 100m，但必须满足设置竖曲线的要求；在与既有线接轨、折返地段，当相邻坡段坡度差较小无需设置竖曲线时，考虑该地段行车速度很低，可根据具体情况采用更短的坡段长度。

竖曲线设置：当相邻坡段坡度差大于 5‰时，应以圆曲线型竖曲线连接，竖曲线半径采用 3000m。碎石道床轨道竖曲线不应与缓和曲线重叠。

（3）轨道

按联络线运输性质轨道应采用低于地铁正线轨道标准。

1）钢轨

钢轨宜采用 50kg/m，天津地铁 1 号线为节省工程投资，设计建议复兴门联络线充分利用地铁既有段拆下的 50kg/m 合格旧轨铺设。

2）道床

宜采用一般铁路碎石道床。道床厚度一般按渗水土路基考虑采用 30cm，其中面碴、底碴各 15cm；道床顶宽 2.9m，当曲线地段半径在 400m 以下时采用 3.0m；道床边坡均采用 1∶1.5。

3）轨枕

一般地段宜采用混凝土枕，半径小于 300m 的曲线地段宜采用Ⅱ类木枕；与既有铁路接轨、折返地段一般曲线较多，且半径较小，还需铺设道岔，为避免频繁设置不同类型轨枕过渡段，也宜采用木枕。

轨枕铺设根数：直线地段，混凝土枕 1520～1440 根/km，木枕 1520 根/km；混凝土枕轨道在半径为 400m 及以下的曲线地段，木枕轨道在半径为 600m 及以下的曲线地段，大于 15‰的下坡制动地段，混凝土枕增加 80 根/km，木枕增加 160 根/km，条件重合时只增加一次。

4）道岔

按《设规》规定采用 9 号道岔。

5）外轨超高

因联络线行驶列车种类单一，且不行驶载客列车，故可根据曲线半径 R 和设计运行速度 v 按 $h=11.8v^2/R$ 计算，合理设置外轨超高值 h，故无需对最大超高、欠超高等限值作出规定。

(4) 路基

《地下铁道设计规范》GB 50157—1992 中未纳入路基条文，《设规》已编入“7 路基”且条文较多，其内容大多是参照一般铁路的路基设计规范编写的，仅适用于地铁正线路基，对于地面铁路联络线路基技术标准问题未另行作出明确规定。笔者根据联络线特点，结合工程设计实践，提出联络线路基技术标准建议如下：

1）路基断面形式

联络线一般为单线，其路基一般为路堤，按非渗水土路基、碎石道床厚 30cm、路肩宽度 0.4m 计算，路基面基本宽度采用 5.4m；设三角形路拱，拱高 0.15m。曲线地段外侧加宽，当曲线半径为 300m 及以下时，加宽 0.3m；300m 以上至 450m 加宽 0.2m；450m 以上至 1200m 加宽 0.1m，路基边坡采用 1∶1.5。

2）基床及填料

路基基床厚度采用 1.2m，其中表层 0.3m，底层 0.9m。其填料及压实标准可参照《工业企业标准轨距铁路设计规范》GBJ 12—1987 执行。

3）路基填筑、路基排水、边坡防护

可参照一般铁路路基工程进行设计，并确保路基干燥稳固。

3. 联络线与道路平、立交问题

地面铁路联络线难免与城、郊道路交叉，其平、立交方式应根据因地制宜、技术经济合理的原则确定。由于联络线使用频率低，行车次数很少，当地铁运营后联络线更只能在 23：00—05：00 地铁停运时段使用，对道路干扰很小，故一般情况下宜采用平交并设置必要的安全防护设施，以节省工程投资。当联络线与道路高程差具备立交条件时宜采用立交。当联络线与重要道路交叉时，须做出平、立交方案经技术经济比较后确定。

最后说明一点：本章原文曾刊载于《铁道标准设计》2006 年第 4 期，当时依据的是《工业企业标准轨距铁路设计规范》GBJ 12—1987，该规范现已更新。2012 年已颁布《Ⅲ、Ⅳ级铁路设计规范》GB 50012—2012，具体工程设计应以现行设计规范为准。

第 10 章 线路有关专题研讨与设计实例

本章紧密结合地铁工程实际，就现行设计规范尚不完善而实际工程设计中又常遇到的线路有关设计问题，进行较深入的专题研讨并提出建议，并介绍了几项实用的具体设计计算方法和典型工点设计实例，供类似工程设计参考。

10.1 天津市城市轨道交通线网规划环线方案研讨

城市轨道交通线网规划是城市总体规划中的一项专项规划，必须与城市总体规划、城市综合交通规划相协调，使其充分发挥城市轨道交通快速、准时、安全、低污染、大运量的特点，极大地缓解城市地面交通压力，促进城市的可持续发展，同时也可提高城市轨道交通的运营效益。

城市轨道交通线网规划的实施阶段往往是一个漫长的过程，需要十几年甚至几十年的时间。在实施过程中可能会因城市建设发展而出现一些问题，也可能因城市总体规划修编对城市轨道交通线网提出新的要求，这些都会导致必须对原规划方案进行修改、调整，因此，城市轨道交通线网规划也是一个不断反馈调整、不断修改完善的连续过程。

1. 天津市城市轨道交通线网规划概况

天津市城市轨道交通在我国起步较早，天津地铁西站至新华路段 7.4km 始建于 1970 年 4 月（当时称 7047 工程），于 1984 年 12 月 28 日正式通车，成为继北京之后我国第二个敷设地铁的城市。由于线路短，运营设备不配套，难以形成城市客运交通综合运输能力。之后历经 20 年，天津市对轨道交通线网进行规划及修订，于 2003 年 9 月完成《天津市快速轨道交通线网规划修编最终报告》。为了更好地配合城市建设用地规划和预留地铁通道，天津地铁总公司又于 2005 年委托天津市市政工程设计研究总院对线网规划中尚未启动的 4、5、6、7、8 号线规划方案进行了深化研究并分线提出了专题报告，进一步优化、稳定了线位、站位方案。

规划线网共由 9 条地铁、轻轨线路构成（见图 10-1），其中：地铁 1、2、3 号线为天津市轨道交通骨干线，从市中心向外呈辐射状，1 号线（含既有段 7.4km 改造利用）已于 2006 年建成运营，2、3 号线当时正在施工；地铁 4、5、6 号线为市区填充线，5、6 号线已编制了前期可行性研究报告；地铁 7、8 号线分别为城市东南部、西北部的填充线；9 号线——津滨轻轨为天津城区到滨海新区的快速通道，其东段（中山门—泰达新城）高架段已于 2005 年建成运营，西段（中山门—天津东站）于 2012 年建成运营。

2. 环线方案研讨

(1) 方案的提出

如图 10-1 所示，5、6 号线基本走向大致呈南北向，分布在市区东西两侧，两线中部

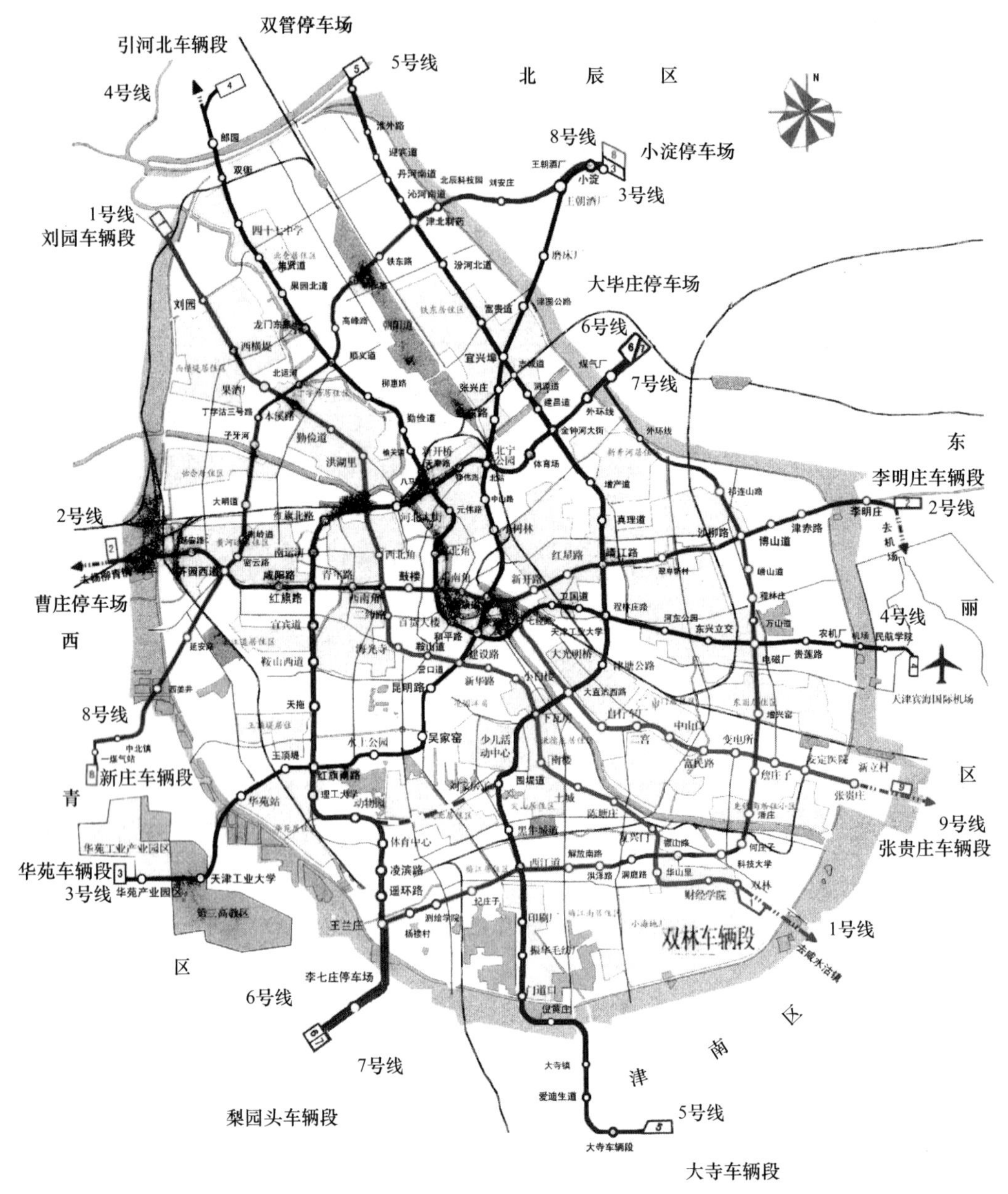

图 10-1 天津市轨道交通线网规划示意图

地段经行市中心地区及主要道路，客流量较大，两线南北两端逐渐远离市区，客流量相对较小。由图 10-1 可见，该两线的规划线路，其北段已在金钟河大街相交，其南段两线间相距仅约 4km，如修建该段线路（如图 10-1 中虚线所示）将 5、6 号线连接起来，并解决好各连接点的疏解方案设计，则可使 5、6 号线客流量集中的中段形成环线运营，并形成市区地铁网络，可与其他各线便捷换乘，有利于吸引地铁客流，有效缓解市区地面交通压力，并提高轨道交通运营经济效益。

(2) 环线线路连接和疏解

环线南端 6、5 号线间连接线路（动物园站至乐园站）长 4.412km，沿城市道路路中地下敷设，布设岛式车站两处。为保证环线运行通过能力，端部线路与环线汇合处须进行疏解，初、近期可考虑工程较省的简易方式疏解，如图 10-2 所示，具体实施时尚可进一步深化设计研究，并考虑预留远期发展条件。

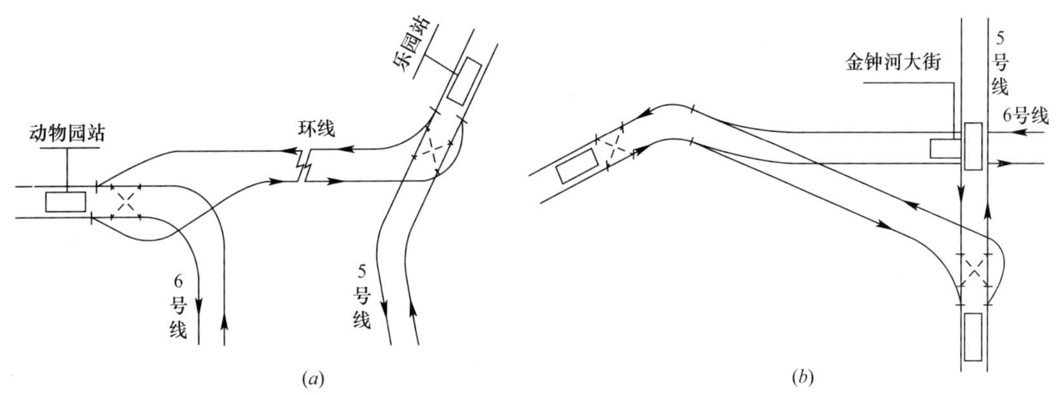

图 10-2　5、6 号线汇合处疏解方案示意图

（a）南部线路疏解；（b）北部线路疏解

（3）环线运营组织

5、6 号线规划设计通过能力 30 对/h，两线南北两端起点站至环线汇合点间每线按 15 对/h 运行，其余各 15 对/h，共 30 对/h 留在环线区段内运行，其列车的收、发及检修均利用 5、6 号线两端的车辆段、停车场。

若考虑两端线路远景发展可能向外延伸连接外围规划新城镇建成市域线时，延伸线至环线汇合点可按换乘折返运行，汇合站增设折返线路，为避免干扰环线行车，宜采用站前折返方式（如图 10-2 中虚线所示），届时将根据需要相应扩建车站设施。环线则按独立运行，环线列车的收、发及检修作业仍共享 5、6 号线的车辆段、场设备资源。

（4）环线工程概况

环线长约 32km，其中共用 5 号线 10.1km，共用 6 号线 16.5km，新建南段连接线 4.4km，北段疏解线 1km，均为地下线。环线内共设 28 个车站，其中含 6 号线规划设站 16 个，5 号线规划设站 10 个，南段连接线新增 2 个车站，平均站间距离 1.18km。

车站规模：共用 5、6 号线地段的各站仍与两线原规划设计方案相同，连接地段增设的 2 个车站站台宽度宜按 30 对/h 能力要求一次建成，站房、设备可分期实施，设计预留条件。

疏解线路施工条件：现场现状无控制性障碍，图 10-2（a）中两线的平面、高程均具备盾构、明挖施工条件，图 10-2（b）中南线可盾构施工，北线宜明挖施工。各交叉点的结构工程同步建成，交叉两线上、下关系根据线路设计纵坡及高程合理确定。

（5）环线方案特点

环线大部分共用 5、6 号线，与路网骨干线 1、2、3 号线及 4、9 号线均有 2 处交叉（市区东、西部各 1 处），将形成城区“四通八达”的地铁网络，采用环线运营模式，也恰好与 5、6 号线客流预测“中段大、两端小”的特点相吻合，将极大地方便市区乘客的乘降和 1、2、3、4、9 号线的换乘，有效地缓解城区地面交通压力，社会效益明显。同时也有利于提高地铁运营经济效益。

环线大部分利用原规划建设的 5、6 号线（约占环线总长的 90%），环线内各车站规模也无需扩大，新建工程投入较小，而且因列车环线运营无需折返，原规划 5、6 号线设置的 4 处折返线初、近期可以不设，从而减少部分工程投资。即使考虑远景发展可能 5、6 号线两端延伸成市域线，环线按独立运行模式，市域线至环线汇合点按换乘折返运行，为避免工程投入过早和集中投资过大，汇合站的折返设施及车站规模宜按分期实施设计预留条件考虑，以更好地发挥投资效益。

综上所述，根据天津市城市轨道交通线网规划及客流特点和城市建设发展，笔者认为连接规划建设的 5、6 号线形成环线运营模式，便于乘客乘降和便捷换乘，有效地缓解城区地面交通压力，利于城市可持续发展，可望取得较好的社会经济效益和轨道交通运营收益，“抛砖引玉”，愿与同行们共同研讨。

注：本节原文曾刊载于《天津市政设计》2007 年第 3 期，另《城市轨道交通》2007 年第 11 期转载。

10.2　地铁线路纵断面设计研讨

地铁属市政公交系统的城市轨道交通客运专线性质，它有别于客货混运的常规铁路，也不同于城际间的高（快）速铁路客运专线，针对地铁的自身特点，本节仅就其线路纵断面设计进行论述，着重对最大坡度的设置及《地铁设计规范》GB 50157—2003 中对相邻坡度差限值尚无明确规定等问题进行较深入研讨，并指出因此往往导致设计者尤其是新手拉坡的随意性大，容易出现设计违规问题，为此提出设计应注意的事项及检算方法，并对坡度差限值提出建议性意见。

1. 地下线路埋深

地下线路埋深指线路纵断面设计轨顶高程与相应位置地面自然高程的高程差，车站地段与区间线路由于施工方法不同，埋深对工程造价影响甚大，应遵循不同的设计原则，简述如下：

（1）车站地段埋深

地下车站结构复杂，施工难度大，目前国内基本上采用明挖法施工，为节省工程投资，原则上应尽可能浅埋。车站地段线路设计轨顶高程应根据站台高度、站台层净高、结构中隔板厚度、站厅层净高、结构顶板厚度、覆土厚度等要求经计算确定，其中覆土厚度除应满足冻土厚度（寒冷地区）的要求外，还应考虑该车站地段地下现存及规划的各类市政管线埋深及拟定的改移或保留等处理方案。

（2）区间线路埋深

地下线采用明挖法施工时，为减少土方开挖量，区间线路埋深越浅越节省工程投资。当采用暗挖法施工时，一般应选择较深的好地层，工程投资相对增大。

具体覆土厚度应根据地面不同因素，必要时与相关专业或城市有关部门共同协商确定。

区间地下线路通常采用盾构法施工，《地铁设计规范》GB 50157—2003（以下简称《设规》）规定：“盾构法施工的区间隧道覆土厚度不宜小于隧道外轮廓直径，确有技术依据时，允许在局部地段适当减少”。盾构法施工的区间线路埋深对工程造价影响相对较小，当遇到不良地质条件如淤泥质及流沙地层时，应尽量考虑躲避。

区间线路穿越河流时，要了解河道的现有河底高程和规划河底高程，然后根据采用的隧道结构及工法确定结构顶与河底的安全距离。

当区间线路必须从建筑物桩基下穿过时，要探明桩基类型和深度，以确定施工方法和结构顶至桩底的安全距离，必要时采取加固防护措施，确保工程安全，合理设计线路埋深。

2. 线路纵坡设计

(1) 地铁正线纵坡设计一般规定

正线的最大坡度不宜大于30‰，困难地段可采用35‰。

正线的最小坡度在隧道和路堑地段不宜小于3‰，困难地段在确保排水条件下可采用小于3‰的坡度，地面和高架桥上在采取了排水措施后不受限制。

车站地段正线坡度：为防止停站车辆溜动和满足隧道内排水需要，地下车站站台计算长度段线路坡度宜采用2‰，在困难条件下可设在不大于3‰的坡道上；地面和高架桥上的车站宜设在平道上，困难地段也可设在不大于3‰的坡道上。

相邻两坡段的坡度代数差等于或大于2‰时，应设圆曲线型竖曲线连接，其半径在区间一般情况下采用5000m，困难情况下采用3000m，车站端部一般情况下采用3000m，困难情况下采用2000m。

对上述地下车站正线坡度问题，近年来有业内人士提出，为方便站台层设备安装和地面装修，车站地段正线纵坡拟设平坡，利用轨道整体道床排水沟自站中心向两端设人字坡排水，或将车站地段结构地板做成一面坡解决排水问题。目前国内已建或在建的绝大多数地铁工程地下车站正线坡度设计仍按现行地铁设计规范执行。

(2) 车站两端节能型纵坡设计

《设规》规定：“有条件时车站宜布置在纵断面的凸型部位上，并设置合理的进出站坡度。”车站设在线路纵断面的高处，两端大下坡，称为节能坡。列车从车站启动后，借助下坡的势能增加列车加速度，缩短列车牵引时间，从而达到节能的目的。列车进站停车可借助坡度阻力，降低列车速度，缩短制动时间，减少制动发热，节约环控能量消耗。

节能坡应尽量靠近车站，竖曲线头宜贴近站台端部，以发挥最大节能效果。节能坡长度一般宜为200～300m。坡度值视左右线隧道结构而异，当左右线分为两单线隧道时，两线在区间可以不等高，列车出站方向的坡度值可用足最大坡度，进站方向的坡度值减小5‰左右；当左右线并行共用一个隧道结构时，因左、右线要求等高，进出站的坡度值均宜较最大坡度值减小5‰左右。

若车站主体结构采用明挖法施工，区间隧道结构采用盾构法施工，则有条件实行节能型的纵断面设计。若区间隧道结构也采用明挖法施工，则节能型纵断面将加大区间线路埋深，增加工程投资，此时纵断面一般不设计成节能型。

(3) 区间线路纵坡设计

1）最大坡度的设置

除车站两端的节能坡外，区间一般宜采用缓坡，避免列车交替使用制动又给电牵引，有利于减少能耗和运营成本，提高列车行车平稳性和乘客乘坐舒适度，但局部地段工程为尽快争取高程需要，必须采用较大的甚至最大坡度，例如隧道至高架桥（或相反）的过渡段、穿越河流及下穿建筑物桩基地段以及地面高架线跨越城市桥梁地段等。对桥隧过渡敞口段大坡度，在寒冷地区还要适当考虑降雪轨面结冰影响动车牵引的不利因素，例如天津地铁 1 号线土城站后隧桥过渡敞口段，有车辆专家提出宜采用 26‰坡度，设计加盖雨棚实际采用 27‰坡度，运营多年来状况良好。穿越河流和下穿建筑物桩基地段的坡度值可采用《设规》规定的最大坡度 30‰，实际设计中有条件时一般也考虑适当放缓。该地段往往是反向大坡段，为避免过大的坡度差，中间宜采用缓坡段相连接。例如天津地铁 6 号线有 2 处困难地段设计了 2 个反向大下坡直接相连，坡度差达 50‰以上，工程可行性研究报告审查会上专家对此提出了修改意见。

2）最小坡段长度

① 站坪坡段最小长度

《设规》规定："车站站台计算长度内不得设置竖曲线"，以保证站台平整和乘客安全，并便于车站设计施工。设站坪坡度为 2‰，车站两端节能坡坡度为 25‰，则两端相邻坡段坡度差分别为 27‰和 23‰，按半径 3000m 计算竖曲线切线长度分别为 40.5m 和 34.5m，以当前国内地铁常采用的国产 B 型车 6 节编组为例，列车计算长度取整为 120m，则站坪坡段最小长度为 40.5＋120＋34.5＝195m，取整为 200m。为便于车站布置并留有余地，通常可设计为 250m。当采用其他较长车型或列车编组较多时，站坪坡段最小长度应相应加长。带有配线的车站应根据岔线布置要求设计站坪坡段长度。

② 区间线路最小坡段长度

《设规》规定："线路坡段长度不宜小于远期列车计算长度"，使一列列车范围内只有一个变坡点，避免变坡点附加力的叠加影响和附加力的频繁变化，以保证行车的平稳性。还规定应满足相邻竖曲线间夹直线长度不宜小于 50m，使竖曲线既不相互重叠，又相隔一定距离，有利于列车运行和线路维修养护。区间线路较站端行车速度高，为提高行车平顺性和乘客乘坐舒适度，竖曲线需采用较大半径，一般情况下为 5000m。相邻两变坡点的坡度差均设定为最大 30‰，则其竖曲线切线长度均为 75m，仍以上述列车长度 120m 为例，则最小坡段长度为：75＋50＋75＝200m＞120m，可见当相邻两变坡点的坡度差均控制在 30‰以内时，区间线路最小坡段长度可设计为 200m。

当相邻两变坡点的坡度差大于 30‰时，最小坡段长度应相应加长。由于《设规》对变坡点坡度差最大值没有明确规定，加之竖曲线和缓和曲线重叠也不受限制（因地铁多采用混凝土整体道床），因而线路拉坡时随意性大，往往将相邻两反向大坡度直接相连产生很大的坡度差，又疏忽了检算，容易发生竖曲线间夹直线长度不满足要求的设计违规问题，对此设计者尤其是新手应引起足够重视。

3）最大坡度差限值研讨

相邻坡段坡度差，不同类别的铁路都有明确的限值规定，以客货混运的常规铁路为例，20 世纪七八十年代的铁路线路设计有关规定，坡度差不应大于重车方向的限制坡度值。《铁路线路设计规范》GB 50090—2006 对坡度差作出了更详细的规定，根据列车通过变坡点时产生的纵向力不大于车钩强度和不同列车牵引定数这两个因素分为 4 档，一般情况下为 8‰、10‰、12‰、15‰，困难情况下为 10‰、12‰、15‰、18‰。地铁不同于客货混运的常规铁路，地铁是客运专线，没有货运，列车种类、牵引质量单一，其动车组牵引力充裕，但因地铁是城市轨道交通客运专线，故对其行车平稳性和乘客乘坐舒适度是重点考虑的因素，坡度差过大，对此影响较大，同时也会给设计施工、运营养护带来不利影响，因此，对地铁坡度差最大值宜有所限制，论述如下。

① 行车平稳性和乘客乘坐舒适度

列车通过变坡点时要产生附加力和附加加速度，引起车辆振动和局部加速度增大，变坡点采用竖曲线连接可得到有效缓解。但当列车通过竖曲线时，产生的竖向离心加速度未被平衡部分仍将影响乘客乘坐舒适度。当变坡点坡度差过大，即相邻两反向大坡道相连时，列车交替降速加速，影响行车平稳性，因而也降低了乘客乘坐舒适度。

② 方便设计

由于地铁站间距离短，市区一般为 1km 左右，扣除站坪及站端坡段，区间线路纵坡往往只能设计成短坡段，通常多采用 200m。如前所述，当相邻坡段坡度差控制在 30‰以内时，设计最小坡段长度 200m 无须检算即可满足竖曲线间夹直线长度规定，从而可避免坡度差过大引发的设计违规问题。

③ 有利施工

变坡点竖曲线地段线路高程需要调整，当调整量大于整体道床厚度允许调整量时，需通过调整结构高程来实现。如地下线框构施工需要通过结构变截面降低底板（凸形变坡点）或抬高顶板（凹形变坡点）来满足调整量。当采用盾构施工时，竖曲线地段线路高程调整量只能在盾构推进中进行调控实现，给施工带来难度，坡度差越大，调整量越大，调整地段越长，如坡度差为 30‰时，最大高程调整量为 563mm，调整地段长度达 150m，若坡度差再大，则盾构推进调控难度更大，对此施工部门反映强烈。

④ 减少轨道养护维修

如前所述，列车通过变坡点时会产生附加力和附加加速度对轨道产生冲击，故变坡点处竖曲线地段和线路平面曲线地段一样，都是线路的薄弱环节，是轨道养护维修的重点地段，坡度差越大，竖曲线越长，例如坡度差为 30‰时，竖曲线长度已达 150m，若坡度差再大，则竖曲线更长，势必增加运营期间的轨道养护维修工作量和费用。

综上所述，从提高乘客乘坐舒适度、方便设计施工、减少轨道养护维修工作量和运营费用等多方面考虑，认为对坡度差最大值应有所限制。据了解，在工程实践中，地铁线路纵坡设计对坡度差实际上有所控制，例如北京地铁一期工程线路设计中，规定两相反方向的坡段连接时，其中一个方向的坡度不应大于 5‰，在二期工程中放宽至 10‰。根据以上分析，并考虑便于设计操作，建议对地铁线路相邻坡段坡度代数差最大值取《设规》规定的最大坡度值 30‰，困难地段取 35‰。

3. 地下线路纵断面与排水泵站的配合

地下线不同于一般的铁路隧道，地下车站和区间为排出结构渗漏水及消防、冲洗废水，必须设置排水泵站，通过设在线路上的轨道排水沟，水自流集中到线路坡道最低点处的排水泵站集水池，然后提升排入地面城市排水系统。双线并行地段为节省工程投资，一般共用一个排水泵站。地铁纵断面设计以右线为准，当左右线隧道结构采用单洞单线时，要求左线纵断面设计最低点位置处于右线最低点同一断面处，错动量不宜大于 20m。最低点标高宜相等，允许有 30cm 以内高差。左右线之间若有连接通道，则左右线标高宜相等，允许有 50cm 以内高差。

本节针对地铁不同于常规铁路的自身特点，结合笔者多年工程实践经验，论述了地铁纵断面设计及注意事项，最小坡段长度 200m 与两端坡度差的关系及检算方法，并重点对最大坡度的设置及《设规》中尚无明确规定的相邻坡段坡度差最大值问题进行了较详细的研讨，并提出了建议性意见：相邻坡段坡度差限值取《设规》规定的最大坡度值 30‰，困难地段取 35‰。

最后说明一点：本节原文曾刊载于《铁道标准设计》2013 年第 1 期，当时依据的是《地铁设计规范》GB 50157—2003、《铁路线路设计规范》GB 50090—2006，这两本规范现已分别更新为 2013 年版、2017 年版，具体工程设计应以现行设计规范为准。

10.3　地铁地下线凹形竖曲线最低点位置及高程的确定

地铁地下线不同于一般的铁路隧道，地下车站和区间为排除结构渗漏水及消防、冲洗废水，必须设置排水泵站，通过设在车站及区间隧道的线路排水沟，水自流集中到线路坡道最低点处的排水泵站集水池，然后提升排入地面城市排水系统。线路纵坡设计的凹形变坡点形似最低，但实际上设置竖曲线后，该竖曲线的最低点往往偏离变坡点，相邻坡段坡度差越大，偏离距离越大。为保证排水泵站集水池设于线路最低处，使线路排水顺畅和避免反坡排水弊端，本节根据地铁线路竖曲线技术标准，对凹形竖曲线地段寻求最低点准确位置及轨顶高程计算方法进行论述，并编制出成果表，供设计使用。

1. 地铁线路竖曲线技术标准

为保证行车平顺和乘客乘坐舒适度，《地铁设计规范》GB 50157—2003（以下简称《设规》）规定：线路纵断面的变坡点处，当相邻两坡段的坡度代数差等于或大于 2‰时，应设圆曲线型的竖曲线连接。竖曲线半径大小与行车速度有关，行车速度越高，要求的半径越大，根据地铁实际行车速度（《设规》规定最高运行速度 100km/h，国内现有地铁多采用 80km/h）。采用的竖曲线半径，《设规》规定正线区间一般情况下采用 5000m，困难情况下采用 3000m；车站端部一般情况下采用 3000m，困难情况下采用 2000m；辅助线路采用 2000m。

竖曲线几何要素（见图 10-3）计算式与一般铁路相同，即：

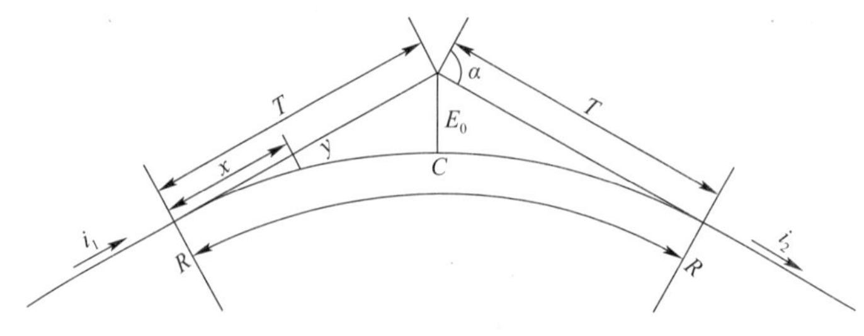

图 10-3　竖曲线几何要素

切线长度：

$$T=\frac{R}{2000}\Delta i \quad (\text{m}) \tag{10-1}$$

式中　R——竖曲线半径，m；

Δi——相邻两坡段坡度代数差的绝对值，$\Delta i=|i_1-i_2|$，i_1、i_2 上坡取"＋"号，下坡取"－"号。

当 $R=5000$m 时，$T=2.5\Delta i$；当 $R=3000$m 时，$T=1.5\Delta i$；当 $R=2000$m 时，$T=1.0\Delta i$（Δi 不计入‰）。

竖曲线长度：

$$C \approx 2T \quad (\text{m}) \tag{10-2}$$

竖曲线外矢距：

$$E_0=\frac{T^2}{2R} \quad (\text{m}) \tag{10-3}$$

竖曲线上任意一点纵距：

$$y \approx \frac{x^2}{2R} \tag{10-4}$$

式中　x——竖曲线的横距，即计算点至竖曲线起点（或终点）的距离，m；

y——竖曲线上计算点的纵距，m，即垂直于切线的距离。

竖曲线高程：

$$H=h \pm y \quad (\text{m}) \tag{10-5}$$

式中　h——计算点的线路纵断面轨面设计高程，m；

y——计算点的纵距，m，凹形竖曲线取"＋"，凸形竖曲线取"－"。

2. 地下线凹形竖曲线最低点位置及高程的确定

(1) 最低点位置里程计算

如图 10-4 所示：竖曲线半径为 R，相邻坡段大、小坡度为 i_1、i_2，竖曲线最低点 D 偏离变坡点的距离为 ΔL，OC 为圆心至变坡点地平线的垂线，分别与圆交于 D 点，与切线交于 A 点，则：

$$AB = R \cdot \tan\alpha = Ri_2 \quad (\text{m}) \tag{10-6}$$

$$AB = T - \Delta L \quad (\text{m}) \tag{10-7}$$

$$\Delta L = T - Ri_2 \quad (\text{m}) \tag{10-8}$$

可见，该竖曲线最低点 D 应向小坡度方向偏移 ΔL，该点里程为变坡点里程加（或减）ΔL（因 α 值很小，视沿坡道长度与水平长度相等，足可以满足工程设计精度要求）。

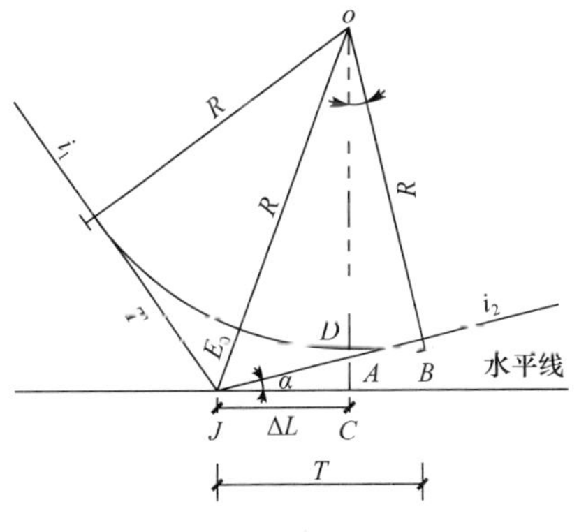

图 10-4　竖曲线最低点

算例：

假定线路设计纵坡下坡 $i_1=-27‰$，接上坡 $i_2=3‰$，竖曲线半径 $R=5000$m，则：

由公式（10-1）得：$T=\frac{R}{2000}\Delta i=\frac{5000}{2000}\times 30=75$m

由公式（10-6）得：$AB=Ri_2=5000\times 3‰=15$m

由公式（10-8）得：$\Delta L=T-Ri_2=75-15=60$m

即设置排水泵站集水池的最低点位置应从变坡点里程向小坡度方向移动 60m。

(2) 最低点轨顶高程计算

地铁线路纵坡设计高程按轨顶高程，由图 10-4 所示的几何关系可知：

$$OC = \sqrt{OJ^2 - JC^2} = \sqrt{(R+E_0)^2 - \Delta L^2} \quad (\text{m}) \tag{10-9}$$

$$DC = OC - OD = \sqrt{(R+E_0)^2 - \Delta L^2} - R \quad (\text{m}) \tag{10-10}$$

即竖曲线上最低点 D 的轨顶实际高程为：纵坡设计变坡点高程加上 DC 值。D 点的轨顶实际高程较纵坡设计该点轨顶高程的调整量 Δh 为：

$$\Delta h = DC - AC = DC - \Delta L i_2 \quad (\text{m}) \tag{10-11}$$

算例：

采用与上例相同的竖曲线半径、坡度等设计要素。先由公式（10-3）得：

$$E_0 = \frac{T^2}{2R} = \frac{75^2}{2 \times 5000} = 0.5625\text{m}$$

代入公式（10-10）得：

$$DC = \sqrt{(5000 + 0.5625)^2 - 60^2} - 5000 = 0.2025\text{m}$$

由公式（10-11）得：

$$\Delta h = 0.2025 - 60 \times 3‰ = 0.0225\text{m}(\text{即 } 22.5\text{mm})$$

实际设计中采用公式（10-4）计算竖曲线上任一点高程调整量较为简便，也可满足设计精度要求，即 $y \approx \frac{x^2}{2R}$。

式中 x 为竖曲线起（终）点至计算点的距离，按此算例最低点处为：

$$x = T - \Delta L = 75 - 60 = 15\text{m}$$

代入式中得：$y = \frac{15^2}{2 \times 5000} = 0.0225\text{m}$（即 22.5mm）

即曲线上最低点的实际高程较纵坡设计该点的计算高程抬高 22.5mm，据此轨顶实际高程及相应的整体道床排水沟底高程设计排水泵站集水池入水口高程。

3. 计算成果

为方便设计计算，拟按相邻坡段坡度代数差最大 30‰，《设规》规定的地下线最小坡度站台地段 2‰、区间 3‰，竖曲线半径 5000m、3000m 及困难地段站端 2000m，计算出凹形竖曲线地段最低点偏移变坡点的距离及轨顶高程调整量列于表 10-1～表 10-3，供设计直接查取（非整数坡度内插），提高设计工作效率（注：表中 i_1 为下坡，i_2 为上坡）。

最低点偏移距离 ΔL（m）及轨顶高程调整量 Δh（mm）（R=5000m）　　**表 10-1**

$-i_1$ \ $+i_2$		2	3	4	5	6	7	8	9	10	11	12	13	14	15
28	ΔL	65													
	Δh	10													
27	ΔL	62.5	60												
	Δh	10	22.5												
26	ΔL	60	57.5	55											
	Δh	10	22.5	40											
25	ΔL	57.5	55	52.5	50										
	Δh	10	22.5	40	62.5										
24	ΔL	55	52.5	50	47.5	45									
	Δh	10	22.5	40	62.5	90									

续表

$-i_1$ \ $+i_2$		2	3	4	5	6	7	8	9	10	11	12	13	14	15
23	ΔL	52.5	50	47.5	45	42.5	40								
	Δh	10	22.5	40	62.5	90	122.5								
22	ΔL	50	47.5	45	42.5	40	37.5	35							
	Δh	10	22.5	40	62.5	90	122.5	160							
21	ΔL	47.5	45	42.5	40	37.5	35	32.5	30						
	Δh	10	22.5	40	62.5	90	122.5	160	202.5						
20	ΔL	45	42.5	40	37.5	35	32.5	30	27.5	25					
	Δh	10	22.5	40	62.5	90	122.5	160	202.5	250					
19	ΔL	42.5	40	37.5	35	32.5	30	27.5	25	22.5	20				
	Δh	10	22.5	40	62.5	90	122.5	160	202.5	250	302.5				
18	ΔL	40	37.5	35	32.5	30	27.5	25	22.5	20	17.5	15			
	Δh	10	22.5	40	62.5	90	122.5	160	202.5	250	302.5	360			
17	ΔL	37.5	35	32.5	30	27.5	25	22.5	20	17.5	15	12.5	10		
	Δh	10	22.5	40	62.5	90	122.5	160	202.5	250	302.5	360	422.5		
16	ΔL	35	32.5	30	27.5	25	22.5	20	17.5	15	12.5	10	7.5	5	
	Δh	10	22.5	40	62.5	90	122.5	160	202.5	250	302.5	360	422.5	490	
15	ΔL	32.5	30	27.5	25	22.5	20	17.5	15	12.5	10	7.5	5	2.5	0
	Δh	10	22.5	40	62.5	90	122.5	160	202.5	250	302.5	360	422.5	490	562.5
14	ΔL	30	27.5	25	22.5	20	17.5	15	12.5	10	7.5	5	2.5	0	
	Δh	10	22.5	40	62.5	90	122.5	160	202.5	250	302.5	360	422.5	490	
13	ΔL	27.5	25	22.5	20	17.5	15	12.5	10	7.5	5	2.5	0		
	Δh	10	22.5	40	62.5	90	122.5	160	202.5	250	302.5	360	422.5		
12	ΔL	25	22.5	20	17.5	15	12.5	10	7.5	5	2.5	0			
	Δh	10	22.5	40	62.5	90	122.5	160	202.5	250	302.5	360			
11	ΔL	22.5	20	17.5	15	12.5	10	7.5	5	2.5	0				
	Δh	10	22.5	40	62.5	90	122.5	160	202.5	250	302.5				
10	ΔL	20	17.5	15	12.5	10	7.5	5	2.5	0					
	Δh	10	22.5	40	62.5	90	122.5	160	202.5	250					
9	ΔL	17.5	15	12.5	10	7.5	5	2.5	0						
	Δh	10	22.5	40	62.5	90	122.5	160	202.5						
8	ΔL	15	12.5	10	7.5	5	2.5	0							
	Δh	10	22.5	40	62.5	90	122.5	160							
7	ΔL	12.5	10	7.5	5	2.5	0								
	Δh	10	22.5	40	62.5	90	122.5								
6	ΔL	10	7.5	5	2.5	0									
	Δh	10	22.5	40	62.5	90									
5	ΔL	7.5	5	2.5	0										
	Δh	10	22.5	40	62.5										
4	ΔL	5	2.5	0											
	Δh	10	22.5	40											

续表

$-i_1$ \ $+i_2$		2	3	4	5	6	7	8	9	10	11	12	13	14	15
3	ΔL	2.5	0												
	Δh	10	22.5												
2	ΔL	0													
	Δh	10													

最低点偏移距离 ΔL（m）及轨顶高程调整量 Δh（mm）（R=3000m）　　**表 10-2**

$-i_1$ \ $+i_2$		2	3	4	5	6	7	8	9	10	11	12	13	14	15
28	ΔL	39													
	Δh	6													
27	ΔL	37.5	36												
	Δh	6	13.5												
26	ΔL	36	34.5	33											
	Δh	6	13.5	24											
25	ΔL	34.5	33	31.5	30										
	Δh	6	13.5	24	37.5										
24	ΔL	33	31.5	30	28.5	27									
	Δh	6	13.5	24	37.5	54									
23	ΔL	31.5	30	28.5	27	25.5	24								
	Δh	6	13.5	24	37.5	54	73.5								
22	ΔL	30	28.5	27	25.5	24	22.5	21							
	Δh	6	13.5	24	37.5	54	73.5	96							
21	ΔL	28.5	27	25.5	24	22.5	21	19.5	18						
	Δh	6	13.5	24	37.5	54	73.5	96	121.5						
20	ΔL	27	25.5	24	22.5	21	19.5	18	16.5	15					
	Δh	6	13.5	24	37.5	54	73.5	96	121.5	150					
19	ΔL	25.5	24	22.5	21	19.5	18	16.5	15	13.5	12				
	Δh	6	13.5	24	37.5	54	73.5	96	121.5	150	181.5				
18	ΔL	24	22.5	21	19.5	18	16.5	15	13.5	12	10.5	9			
	Δh	6	13.5	24	37.5	54	73.5	96	121.5	150	181.5	216			
17	ΔL	22.5	21	19.5	18	16.5	15	13.5	12	10.5	9	7.5	6		
	Δh	6	13.5	24	37.5	54	73.5	96	121.5	150	181.5	216	253.5		
16	ΔL	21	19.5	18	16.5	15	13.5	12	10.5	9	7.5	6	4.5	3	
	Δh	6	13.5	24	37.5	54	73.5	96	121.5	150	181.5	216	253.5	294	
15	ΔL	19.5	18	16.5	15	13.5	12	10.5	9	7.5	6	4.5	3	1.5	0
	Δh	6	13.5	24	37.5	54	73.5	96	121.5	150	181.5	216	253.5	294	337.5
14	ΔL	18	16.5	15	13.5	12	10.5	9	7.5	6	4.5	3	1.5	0	
	Δh	6	13.5	24	37.5	54	73.5	96	121.5	150	181.5	216	253.5	294	
13	ΔL	16.5	15	13.5	12	10.5	9	7.5	6	4.5	3	1.5	0		
	Δh	6	13.5	24	37.5	54	73.5	96	121.5	150	181.5	216	253.5		

续表

$+i_2$ / $-i_1$		2	3	4	5	6	7	8	9	10	11	12	13	14	15
12	ΔL	15	13.5	12	10.5	9	7.5	6	4.5	3	1.5	0			
	Δh	6	13.5	24	37.5	54	73.5	96	121.5	150	181.5	216			
11	ΔL	13.5	12	10.5	9	7.5	6	4.5	3	1.5	0				
	Δh	6	13.5	24	37.5	54	73.5	96	121.5	150	181.5				
10	ΔL	12	10.5	9	7.5	6	4.5	3	1.5	0					
	Δh	6	13.5	24	37.5	54	73.5	96	121.5	150					
9	ΔL	10.5	9	7.5	6	4.5	3	1.5	0						
	Δh	6	13.5	24	37.5	54	73.5	96	121.5						
8	ΔL	9	7.5	6	4.5	3	1.5	0							
	Δh	6	13.5	24	37.5	54	73.5	96							
7	ΔL	7.5	6	4.5	3	1.5	0								
	Δh	6	13.5	24	37.5	54	73.5								
6	ΔL	6	4.5	3	1.5	0									
	Δh	6	13.5	24	37.5	54									
5	ΔL	4.5	3	1.5	0										
	Δh	6	13.5	24	37.5										
4	ΔL	3	1.5	0											
	Δh	6	13.5	24											
3	ΔL	1.5	0												
	Δh	6	13.5												
2	ΔL	0													
	Δh	6													

车站端部最低点偏移距离 ΔL（m）及轨顶高程调整量 Δh（mm）（R=2000m）　**表 10-3**

$-i_1$ / $+i_2$		2	3	4	5	6	7	8	9	10	11	12	13	14	15
2	ΔL	0	1	2	3	4	5	6	7	8	9	10	11	12	13
	Δh	4	4	4	4	4	4	4	4	4	4	4	4	4	4

$-i_1$ / $+i_2$		16	17	18	19	20	21	22	23	24	25	26	27	28	
2	ΔL	14	15	16	17	18	19	20	21	22	23	24	25	26	
	Δh	4	4	4	4	4	4	4	4	4	4	4	4	4	

综上所述，当地铁线路较长、地下排水泵站较多时，设计中为寻求多处凹形竖曲线最低点的准确位置及高程，往往需先列表进行计算，计算工作量大，本节提出的计算成果表可供设计直接查取（非整数坡度内插），以节省工时，提高设计工作效率。

注：本节原文曾刊载于《铁道标准设计》2007 年第 12 期，之后在天津地铁多项工程具体设计中应用，收到良好效果。

10.4 地铁曲线车站站台建筑限界计算研讨

为保证地铁列车安全运行，建筑限界必须满足车辆限界、设备限界及其安全间隙留量的要求。本节着重对地下线曲线车站站台建筑限界计算及相关设计问题进行研讨。

曲线车站站台边缘距线路中心的距离，应在直线车站站台边缘距线路中心的距离基础上进行加宽，加宽后还应符合《地铁设计规范》GB 50157—2003（以下简称《设规》）对站台边缘至车辆轮廓之间允许最大间隙的规定。

1. 曲线内外侧加宽计算公式

根据曲线加宽计算基本公式，按影响站台高度处限界控制点坐标，以B型车为例得出曲线车站站台横向限界加宽计算公式为：

（1）地下线车站

曲线内侧加宽：

曲线外侧加宽：

$$\left.\begin{aligned}&E_{内}=20506250/R+1486\cos\alpha+1050\sin\alpha-1486+C\quad(\mathrm{mm})\\&E_{外}=24618750/R+1475\cos\alpha-770\sin\alpha-1475+C\quad(\mathrm{mm})\end{aligned}\right\}\tag{10-12}$$

（2）高架线或地面线车站

曲线内侧加宽：

曲线外侧加宽：

$$\left.\begin{aligned}&E_{内}=20506250/R+1492\cos\alpha+1050\sin\alpha-1492+C\quad(\mathrm{mm})\\&E_{外}=24618750/R+1477\cos\alpha+770\sin\alpha-1477+C\quad(\mathrm{mm})\end{aligned}\right\}\tag{10-13}$$

式中 R——曲线半径，mm；

α——轨道超高角度，因《设规》规定站台处轨道超高为15mm，故α为一常数即 $\alpha=\sin^{-1}\frac{15}{1500}=\sin^{-1}0.01$；

C——考虑车辆、轨道参数变化引起的加宽量，在天津地铁2、3号线设计中取值10mm。

对公式（10-12）、公式（10-13）进行对比分析，因其控制点坐标值相差甚小，内外侧仅分别为6mm、2mm，且因α很小，所以按两式具体计算得出的加宽值相差也很小（1mm以下）。由此可见，对于曲线地段的地下、高架或地面车站站台边缘至线路中心距离加宽值并无实质性差别，在实际设计中可采用相同加宽值。

对于A型车，按站台面至轨顶面高度1080mm处限界控制点坐标及车辆基本参数，C值仍取10mm，同理可计算出采用A型车时曲线车站站台边缘至线路中心距离加宽值。

《设规》规定："站台计算长度内的线路平面曲线半径不得小于800m，轨道超高不大于15mm。"据此按常用的标准曲线半径800m、1000m、1200m、1500m、2000m、2500m、3000m及超高15mm，计算得出曲线车站站台内外侧边缘至线路中心距离加宽值列于表10-4。

曲线车站站台边缘至线路中心距离加宽值　　　　表 10-4

曲线半径 R (m)	加宽值 (mm)			
	B 型车		A 型车	
	曲线内侧加宽值 $E_{内}$	曲线外侧加宽值 $E_{外}$	曲线内侧加宽值 $E_{内}$	曲线外侧加宽值 $E_{外}$
800	46	33	60	39
1000	41	27	52	31
1200	38	23	47	26
1500	34	19	42	22
2000	31	15	37	17
2500	29	12	33	14
3000	27	10	31	12

2. 曲线车站站台计算长度段建筑限界

《设规》规定："站台计算长度内的站台边缘距线路中心的距离，应按车辆限界加 10mm 的安全间隙确定。"据此，按表 10-4 中的加宽值即可计算得出不同半径的曲线车站站台建筑限界，见表 10-5。

计算曲线车站站台建筑限界　　　　表 10-5

车型	线位	直线车站站台建筑限界（车辆限界加 10mm）(mm)	曲线内外侧	曲线半径 R (m)						
				800	1000	1200	1500	2000	2500	3000
				曲线车站站台建筑限界 (mm)						
B 型车	地下	1496	内侧	1542	1537	1533	1530	1527	1525	1523
			外侧	1529	1523	1519	1515	1511	1508	1506
	高架或地面	1502	内侧	1548	1543	1539	1536	1533	1531	1529
			外侧	1535	1529	1525	1521	1517	1514	1512
A 型车	地下	1595	内侧	1655	1647	1642	1637	1632	1628	1626
			外侧	1634	1626	1621	1617	1612	1609	1607
	高架或地面	1609	内侧	1669	1661	1656	1651	1646	1642	1640
			外侧	1648	1640	1635	1631	1626	1623	1621

注：直线车站站台建筑限界采用 B 型车时通常取整采用 1500mm；采用 A 型车时地下站采用 1600mm，高架站、地面站可采用 1610mm。

3. 曲线车站站台边缘至车辆轮廓线之间允许的最大间隙检算

《设规》规定："曲线车站站台边缘与车辆轮廓线之间的间隙不应大于 180mm。"

当站台边缘设计为与线路曲线同半径的曲线时，曲线内、外侧的站台边缘至车辆轮廓线之间的间隙如图 10-5 所示。

(1) 曲线内侧站台（凸形站台）

站台边缘至车门处最大间隙位于车厢端部，可按公式（10-14）计算：

$$J_{BL}=X_{CX}+10+E_{内}-X_{CL}-f-p+\Delta \tag{10-14}$$

式中　J_{BL}——站台边缘至车辆轮廓线之间的间隙，mm；

X_{CX}——车辆限界坐标值，mm；

X_{CL}——车辆轮廓坐标值，mm；

$E_{内}$——曲线内侧加宽值，mm；

10——规定安全间隙，mm；

f——一个车体前后轮轨相嵌点间弦长与圆弧间内矢距，mm；

p——外轨超高引起的车体向曲线内侧倾斜偏移量，mm；

Δ——曲线内侧凸形站台边缘至车厢端部车门处最大间隙较车体中部增大的间隙量，mm。

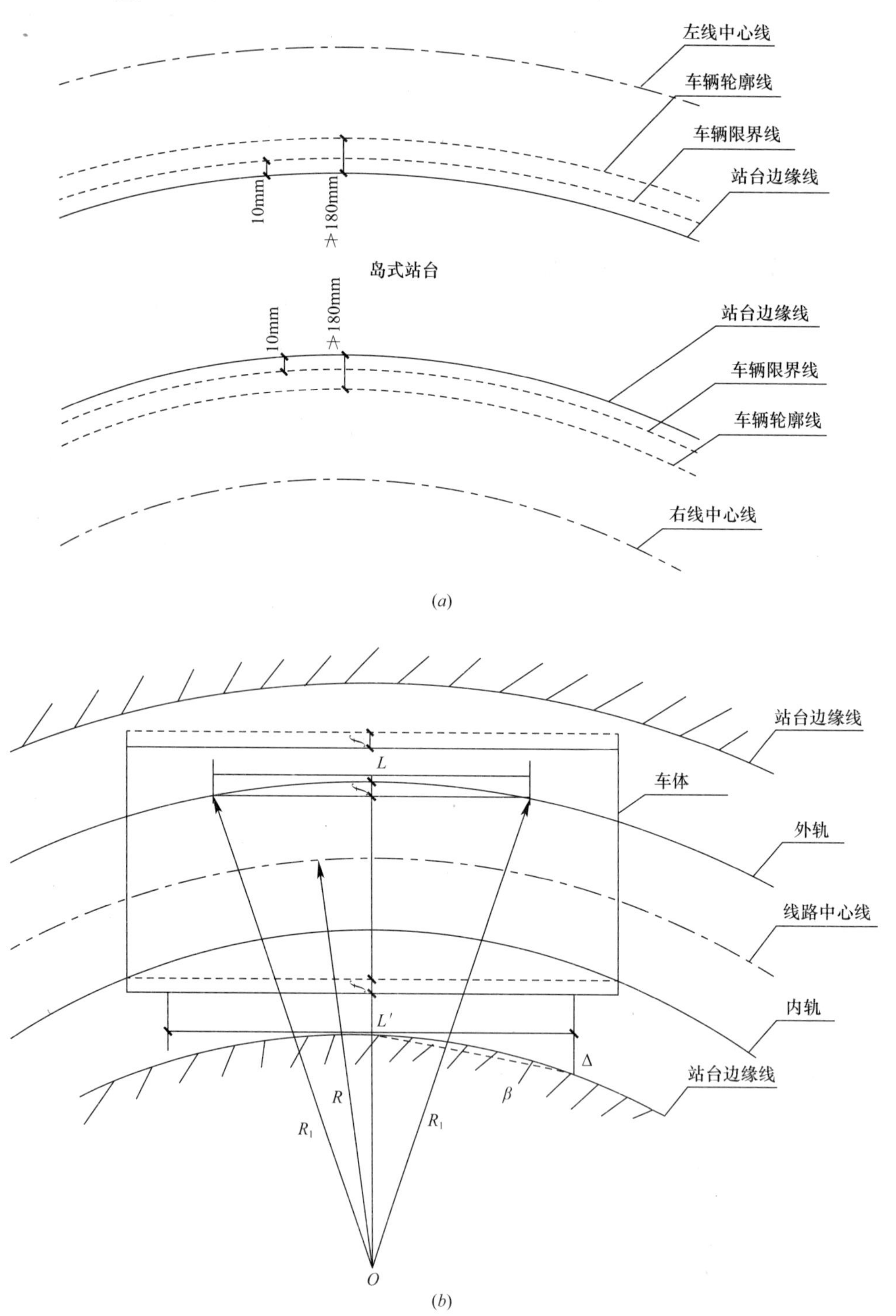

图 10-5　站台边缘至车辆轮廓线之间的间隙

（a）站台边缘与限界关系示意图；（b）站台边缘与车体轮廓关系示意图

如图 10-5（b）所示，f 可按公式（10-15）计算：

$$f = R_1 - \sqrt{R_1^2 - \left(\frac{L}{2}\right)^2} \quad (\text{mm}) \tag{10-15}$$

式中　L——一个车体最外轮轨相嵌点间长度，为车辆定距加两半个固定轴距及两半个轮径之和，即 $L=12.6+2\times2.3/2+2\times0.84/2=15.74$m。

以曲线半径 800m 为例，R_1 按外轨曲线半径 800.718m，得出 $f=39$mm。

如图 10-6 所示，p 可按公式（10-16）计算：

$$p = 1050 \times \sin\alpha = 10\text{mm} \tag{10-16}$$

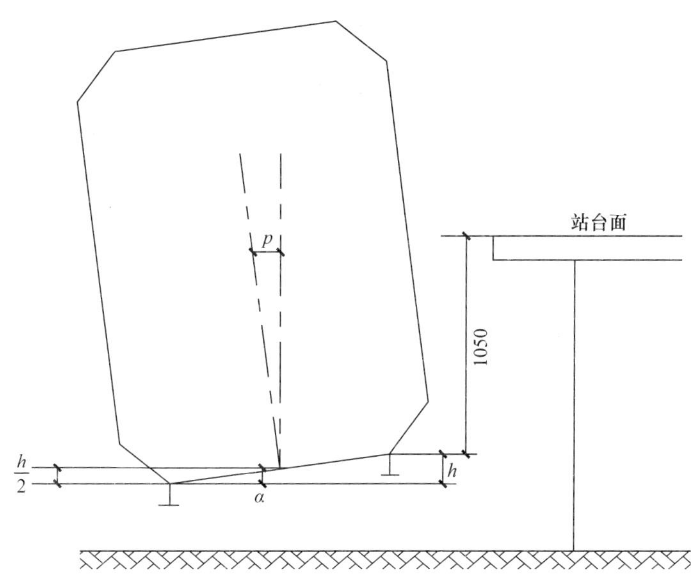

图 10-6　超高引起车体竖向偏移示意图

式中　α——超高引起的车体竖向倾角，$\alpha=\sin^{-1}\dfrac{15}{1500}$。

如图 10-5（b）所示：

Δ 值可按公式（10-17）计算：

$$\Delta = \frac{L'}{2}\tan\beta \tag{10-17}$$

式中　L'——两端车门间最大距离，B 型车为 15080mm。

β 可按公式（10-18）计算：

$$\beta = \left(\frac{L'}{2} \times \frac{180^\circ}{\pi R}\right)/2 = 0.270^\circ \tag{10-18}$$

代入公式（10-17）可得：$\Delta=7540\tan0.270^\circ=35$mm

将 B 型车站台高度处的 X_{CX}、X_{CL}（1486mm、1400mm）及计算得出的 $E_{内}$、f、p、Δ 值代入公式（10-14），计算得出凸形站台边缘至车厢端部车门之间的间隙为：

$J_{BL}=1486+10+46-1400-39-10+35=128\text{mm}<180\text{mm}$，符合《设规》规定。

（2）曲线外侧站台（凹形站台）

站台边缘至车门处最大间隙位于车厢中部，可按公式（10-19）计算为：

$$J_{BL}=X_{CX}+10+E_{外}-X_{CL}+f+p \quad (mm) \tag{10-19}$$

式中　$E_{外}$——曲线外侧加宽值；

其余符号含义同前。

代入各值得：

$J_{BL}=1486+10+33-1400+39+10=178mm<180mm$，符合《设规》规定。

据此，《设规》规定曲线车站线路最小曲线半径不应小于 800m。当线路曲线半径大于 800m 时，由表 10-4 可见，由于其曲线内、外侧加宽值均较小，站台边缘至车辆轮廓线之间的间隙均可符合规定要求，无须进行检算。

4. 曲线车站站台边缘线与线路平面曲线半径设计研讨

以上所述站台边缘线曲线半径是按与线路平面曲线同半径设计的，如改为按同心圆设计，则地下岛式站台不出现鱼腹形，其宽度在计算长度内可保持不变化，便于站房及设备布置，且线路平面曲线半径可因地制宜考虑设计小于《设规》规定的最小 800m，以节省工程投资，论述如下：

（1）曲线内、外侧站台边缘线设计半径

按公式（10-20）计算确定：

$$\left.\begin{array}{l}\text{曲线内侧凸形站台边缘线半径 } R_{内}\text{：} R_{内}=R-(X_{CX}+10+E_{内})\\ \text{曲线外侧凹形站台边缘线半径 } R_{外}\text{：} R_{外}=R+(X_{CX}+10+E_{外})\end{array}\right\} \tag{10-20}$$

式中各参数含义同前。

（2）站台边缘至车辆轮廓线之间的间隙检算

其检算式为：

$$\left.\begin{array}{l}\text{曲线内侧凸形站台：} J_{BL}=X_{CX}+10+E_{内}-X_{CL}-p+\Delta\\ \text{曲线外侧凹形站台：} J_{BL}=X_{CX}+10+E_{外}-X_{CL}+p\end{array}\right\} \tag{10-21}$$

该检算式与公式（10-14）、公式（10-19）对比，式中减少了参数 f，即由于站台边缘线曲线改为按与线路曲线同心圆设计，因而避免了车体最外轮轨相嵌点间弦长与圆弧间的内矢距 f 对该项间隙的影响。

（3）线路平面曲线最小半径的确定

1）按站台边缘至车辆轮廓线之间最大间隙控制的最小曲线半径

仍以 B 型车为例，由间隙检算式可得出内、外侧曲线按最大间隙 180mm 控制的允许曲线最大加宽值为：

曲线内侧：$E_{内max}=J_{BL}-(X_{CX}+10-X_{CL}-p+\Delta)$

$=180-(1486+10-1400-10+35)$

$=59mm$

曲线外侧：$E_{外max}=180-(1486+10-1400+10)$

$=74mm$

将 $E_{内max}$、$E_{外max}$ 值 59mm、74mm 分别代入公式（10-12）可推算出在满足规定的最大间隙时允许的线路平面最小曲线半径 $R_{内min}$、$R_{外min}$：

内侧曲线：$R_{内min}=20506250/[E_{内max}-(1486\cos\alpha+1050\sin\alpha-1486+10)]$

$=531m$，取整 550m；

外侧曲线：$R_{外min}=24618750/[E_{外min}-(1475\cos\alpha-770\sin\alpha-1475+10)]$

$=343m$，取整 350m；

取内外侧曲线半径较大者 R_{min} 为 550m。

2）考虑列车越行过站速度要求的最小曲线半径

广州地铁 1 号线实测列车越行过站速度为 60km/h，《设规》规定站台地段曲线最大超高为 15mm，允许最大欠超高为 61mm，据此可按下式计算最小曲线半径 R_{min}：

$$15+61=\frac{11.8}{R_{min}}\times 60^2$$

$$R_{min}=\frac{11.8}{15+61}\times 60^2=559m$$

$R_{min}=559m$，按标准半径取整 600m。

由此说明，当站台边缘线曲线按与线路平面曲线同心圆设计时，若采用 B 型车，则线路平面曲线半径小于 800m 且大于等于 600m 时，亦可符合站台边缘至车辆轮廓线之间的间隙不大于 180mm 的规定，并可满足列车以时速 60km 越行过站要求。据此，当线路平面处于特别困难条件下，而又必须在此设置车站时，为满足设站需要和节省大量工程投资，线路平面曲线可考虑因地制宜设计为小于 800m 且大于等于 600m 的适当半径（若采用 A 型车可同理分析得出比 800m 小的适当半径），但必须经技术经济比较和各级审定。《铁路线路设计规范》GB 50090—2006 规定：旅客列车设计行车速度为 80km/h 时或 100km/h 困难条件情况下，车站最小曲线半径为 600m。现行《地铁设计规范》GB 50157—2013 规定：无站台门时，车站最小曲线半径 B 型车为 600m，A 型车为 800m。

5. 缓和曲线地段车站站台建筑限界加宽

当车站站台计算长度段处于缓和曲线地段时，因其曲率半径及超高皆是渐变的，各点加宽量各不相同，计算繁杂，设计施工不便。故缓和曲线应尽可能不进入站台地段内，不可避免时，其建筑限界加宽可按《设规》附录 E 设计。

6. 曲线车站站台高度建筑限界

站台高度应根据空车状态下的车厢地板面高度计算确定，车厢地板面在任何情况下（轮轨磨耗、车体下垂、弹簧变形等）均不得低于站台高度，其高度差宜为 50～100mm。《设规》规定，直线地段站台面至轨顶面高度应符合下列规定：

A 型车：（1080±5）mm；

B 型车：（1050±5）mm；

设计一般采用 1080mm、1050mm。

曲线车站站台高度还应考虑轨道超高（《设规》规定站台地段不大于 15mm）对站台面设计高程的影响。地铁地下线轨道超高一般采用外、内轨各抬降一半超高值的办法设置，故在设计曲线外侧的站台面高程时应抬高 1/2 超高值，反之，曲线内侧的站台面设计高程应降低 1/2 超高值。

最后说明一点：本节原文曾刊载于《城市轨道交通研究》2007 年第 5 期，本书纳入时，按现行《地铁设计规范》GB 50157—2013 作了相应调整。

10.5　地铁限界与管线布置

地铁限界是地铁建设的主要技术标准之一，它是确定行车轨道周围构筑物净空大小的依据，是确定管线和设备安装相互位置的依据，是专业间共同遵守的技术规定，它应经济合理、安全可靠。

地铁限界不同于一般铁路的固定限界，它分为车辆限界、设备限界、建筑限界三种，它应根据选用车辆的轮廓线和车辆有关技术参数，结合轨道和接触网或接触轨的相关条件，并计及设备和安装误差，按规定的计算方法进行设计。

1. 地铁限界一般规定

地铁车辆轮廓线与三种限界的相互关系如图 10-7 所示，有关各种限界的一般规定分述如下：

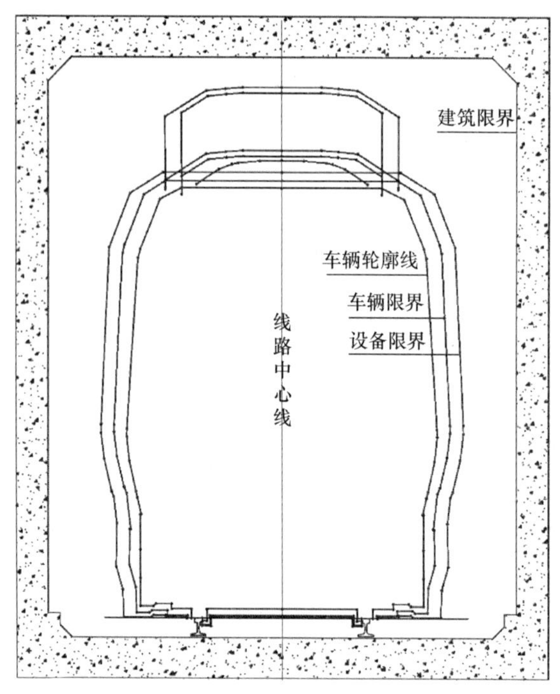

图 10-7　车辆轮廓线与限界关系示意图

(1) 车辆限界

车辆限界是车辆在正常运行状态下（指一系悬挂和二系悬挂在正常弹性范围内，易损件磨耗不超限等）形成的最大动态包络线，并按车辆所处线路位置分为隧道内车辆限界和高架线或地面线车辆限界两种，高架线或地面线车辆限界应在隧道内车辆限界基础上另加当地最大风荷载引起的横向和竖向偏移量。对于采用接触网供电的受电弓或受流器都是车辆上的部件之一，故其限界都包含在车辆限界内。接触轨是地铁牵引网中的另一种馈电方式，它安装在车辆走行轨旁，通过受流器向列车供电，故接触轨与车辆限界无关。

(2) 设备限界

设备限界是用以限制设备安装的控制线。是指车辆在运行途中一系悬挂或二系悬挂发生故障时的动态包络线，用以限制隧道内安装的设备不得侵入这条控制线。

直线地段设备限界是在直线地段车辆限界外扩大一定安全间隙后形成的，车辆各个部位应扩大的安全间隙在《地铁设计规范》GB 50157—2003 中都作了明确规定。

曲线地段设备限界应在直线地段设备限界基础上，按平面曲线不同半径、过超高或欠超高引起的横向和竖向偏移量以及车辆、轨道参数等因素计算确定。

(3) 建筑限界

建筑限界是隧道和高架桥等结构物的最小横断面有效内轮廓线，建筑限界以内、设备限界以外的空间应能满足设备和管线安装的需要。

建筑限界是在设备限界基础上，考虑了设备和管线安装尺寸后的最小有效断面。在宽度方向上，设备和设备限界之间应留出 20～50mm 的安全间隙。当建筑限界侧面和顶面没有设备或管线时，建筑限界和设备限界之间的间隙不宜小于 200mm，困难条件下不得小于 100mm。

相邻的双线，当两线间无墙、柱及其他设备时，两设备限界之间的安全间隙不得小于 100mm。

建筑限界中不包括测量误差、施工误差、结构沉降、位移变形等因素。

建筑限界是地铁土建工程设计中最关注的限界，不同的工程结构及其所处线路位置对其建筑限界均有不同的要求，本节仅就常用的矩形隧道、盾构法施工的圆形隧道、车站站台、高架桥及地面线路的区间等的建筑限界简要论述如下：

1) 矩形隧道建筑限界

应按下列规定计算确定：

① 直线地段矩形隧道建筑限界，应在直线地段设备限界基础上按下列公式计算确定：

a. 建筑限界宽度 B_S：

$$B_S = B_R + B_L \tag{10-22}$$

线路中心线至隧道右侧墙净空距离 B_R：

$$B_R = X_{s(max)} + b_R + c \tag{10-23}$$

线路中心线至隧道左侧墙净空距离 B_L：

$$B_L = X_{s(max)} + b_L + c \tag{10-24}$$

式中 $X_{s(max)}$——直线地段设备限界最大宽度值，mm；

b_R、b_L——行车方向右侧、左侧设备或支架最大安装宽度值，mm；

c——设备安装误差和安全间隙，mm。

b. 自结构底板至隧道顶板建筑限界高度 H：

A 型车和 B_2 型车：

$$H = h_1 + h_2 + h_3 \tag{10-25}$$

B_1 型车：

$$H = h_1' + h_2' + h_3 \tag{10-26}$$

式中 h_1——接触导线安装高度，mm；

h_2——接触网系统高度，mm；

h_3——轨道结构高度，mm；

h_1'——设备限界高度，mm；

h_2'——设备限界至建筑限界安全间隙，mm。

② 曲线地段矩形隧道建筑限界，应在曲线地段设备限界基础上按下列公式计算确定：

a. 曲线地段建筑限界外侧宽度 B_a：

$$B_a = X_{Ka}\cos\alpha - Y_{Ka}\sin\alpha + b_L(\text{或 } b_R) + c \tag{10-27}$$

b. 曲线地段建筑限界内侧宽度 B_i：

$$B_i = X_{Ki}\cos\alpha + Y_{Ki}\sin\alpha + b_L(\text{或 } b_R) + c \tag{10-28}$$

$$\alpha = \sin^{-1}(h/s) \tag{10-29}$$

c. 曲线地段建筑限界高度应按下列公式计算确定：

A 型车和 B_2 型车：

$$H = h_1 + h_2 + h_3 \tag{10-30}$$

B_1 型车：

$$B_u = X_{Kh}\sin\alpha + Y_{Kh}\cos\alpha + h_3 + 200 \tag{10-31}$$

式中　B_u——曲线地段建筑限界高度；

h——轨道超高值，mm；

s——滚动圆间距，mm，取值 1500mm；

(X_{Ka}, Y_{Ka})、(X_{Ki}, Y_{Ki})、(X_{Kh}, Y_{Kh})——曲线地段设备限界控制点坐标值，mm。

2）圆形隧道建筑限界

用盾构机进行机械化施工的圆形隧道，全线孔径是统一的，所以，必须按规定运行速度用该施工段中最小曲线半径和最大超高计算的车辆、设备限界设计隧道建筑限界，例如采用最小曲线半径 300m，最大超高 120mm，则单线盾构内径为 5.2m。天津地铁 1、2、3 号线均采用的 5.2m。各曲线地段不再逐个计算建筑限界加宽，但在超高地段，应采用隧道中心线向线路基准线内侧偏移的方法解决轨道超高造成的内外侧不均匀位移量。位移量按下列公式计算：

① 隧道中心线对线路基准线内侧的水平位移量 X'：

$$X' = h_0 \cdot \sin\alpha = h_0 \cdot h/s \quad (\text{mm}) \tag{10-32}$$

② 隧道中心线竖向位移量 Y'：

超高按提高外轨和降低内轨各一半设置时：

$$Y' = -h_0(1-\cos\alpha) \quad (\text{mm}) \tag{10-33}$$

超高按单独抬高外轨设置时：

$$Y' = h/2 - h_0(1-\cos\alpha) \quad (\text{mm}) \tag{10-34}$$

式中　h_0——隧道中心至轨顶面的垂向距离，mm；

α、h、s 含义同前。

隧道内曲线超高通常按内外轨抬降各一半设置，计算得出的竖向位移量只在毫米级变化，为简化设计、施工，竖向位移量可忽略不计。

3）高架线、地面线建筑限界

应按高架线或地面线设备限界或车辆限界及设备安装尺寸计算确定，分以下几种情况：

① 线路一侧无人行道时，建筑限界宽度的计算方法按照矩形隧道处理。

② 线路一侧有人行道时，人行道可与电缆沟槽结合设计，例如天津地铁 1 号线土城至双林段高架桥上两侧设有宽度 600mm 的疏散、人行道，道板下边墙上设支架悬挂各类电缆，道板边缘至轨道中心线距离 1600mm，无须再考虑设备限界的安全间隙（见图 10-9）。

③ 线路一侧设置接触网支柱、隔声屏障时，它们与设备限界的安全间隙，《地铁设计规范》GB 50157—2003 只原则规定应不小于 100mm，需由接触网专业和桥梁专业具体设计。

④ 建筑限界高度：

A 型车和 B_2 型车按接触导线安全高度和接触网高度加轨道结构高度确定。

B_1 型车按设备限界顶部高度和轨道结构高度另加不小于 200mm 的安全间隙确定。

4）车站站台建筑限界

车站直线地段建筑限界应满足下列要求：

① 站台面至轨顶面高度

A 型车：$(1030\sim1080)^{0}_{-10}$ mm

B 型车：$(1000\sim1050)^{0}_{-10}$ mm

天津地铁 1、2、3 号线均采用 1.05m。

② 站台边缘距线路中心线的距离

直线车站站台计算长度范围内，应按车辆限界加 10mm 的安全间隙确定，但站台边缘与车辆轮廓线之间的间隙，当采用整体道床时不应大于 100mm，当采用碎石道床时，不应大于 120mm。曲线车站站台边缘与车辆轮廓线之间的间隙不应大于 180mm。站台计算长度外的站台边缘距线路中心线的距离，宜按设备限界另加不小于 50mm 的安全间隙确定。

2. 曲线地段限界加宽

（1）曲线地段限界加宽计算

一般铁路曲线地段内、外侧加宽量，规范规定按平面曲线几何偏移和竖向外轨超高引起的平面偏移进行计算，计算公式简单，并列出了加宽值表可直接查用。而地铁尚需结合选用的车辆具体长度、轴距、轮廓坐标，并考虑轨道参数及车辆参数变化等因素计算确定，可详见本书有关章节的论述。

（2）道岔地段限界加宽计算

道岔区的建筑限界，应在直线地段建筑限界基础上，根据不同类型的道岔和选定的车辆技术参数计算加宽量。由道岔曲线范围内的车体几何偏移引起的加宽量可按下列公式计算：

1）内侧加宽 $e_{内}$：

$$e_{内}=\frac{L_1^2+a^2}{8R_0} \tag{10-35}$$

2）外侧加宽 $e_{外}$：

$$e_{外}=\frac{L_0^2-(L_1^2+a^2)}{8R_0} \tag{10-36}$$

式中 L_0——车体长度，mm；

L_1——车辆定距，mm；

a——车辆固定轴距，mm；

R_0——道岔曲线半径，mm。

上列参数根据采用的车辆和道岔型号查取。

3. 天津地铁 1 号线限界问题与管线综合布置

(1) 天津地铁 1 号线既有段限界问题与管线综合布置

天津地铁 1 号线北起刘园，南至双林，南北两段为新建工程，中间一段约 7.4km 利用既有地铁线。该段于 1984 年建成通车，是继北京之后国内较早修建的地铁之一，当时地铁设计规范尚未颁布，加之该工程原定为天津战备通道，即"7047"工程，采用的技术标准较低。该段全部为地下线，根据原铁道第三勘察设计院对既有段区间隧道洞体的横断面实测资料可知，隧道净空普遍偏小，因此天津市市政工程设计研究总院对设计范围内二纬路至新华路 4 个区间的较小断面逐一进行了检算，因为要维持既有洞体利用，故建筑限界已经定死，已无法满足现行设计规范的有关规定，只能检算出设备限界控制点至洞墙边缘的距离，以考虑区间管线布置方案及其可行性。检算发现，部分曲线地段，如按限界专业提供的曲线地段设备限界资料，检算出的距离已出现负值，管线将无安装空间。经研究分析，曲线地段限界资料是按最小半径 300m、最大超高 120mm 制定的，而该段既有线曲线半径多大于 300m，原北京城建设计研究总院提供的既有整体道床轨道曲线超高也较小，如按既有线的实际半径及超高进行检算，并按困难地段最小支架宽度悬挂电缆，则可基本满足限界要求。对此，天津市市政工程设计研究总院在进行既有段的管线综合布置时，与总体设计院和限界专业研究确定按此进行检算。天津地铁 1 号线既有段管线综合布置见图 10-8。

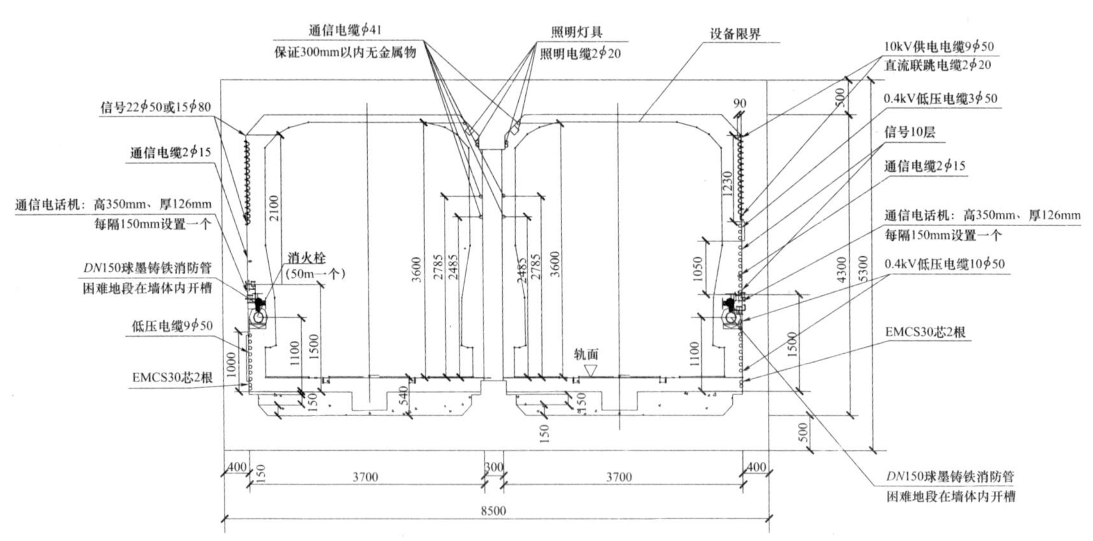

图 10-8　天津地铁 1 号线既有段管线综合布置

(2) 天津地铁 1 号线南段高架上管线综合布置

由天津市市政工程设计研究总院设计的天津地铁 1 号线土城至财经学院的高架桥段，桥上两侧设 600mm 宽的人行道，在道板下边墙上设支架悬挂各类电缆，不涉及限界问题，如图 10-9 所示。

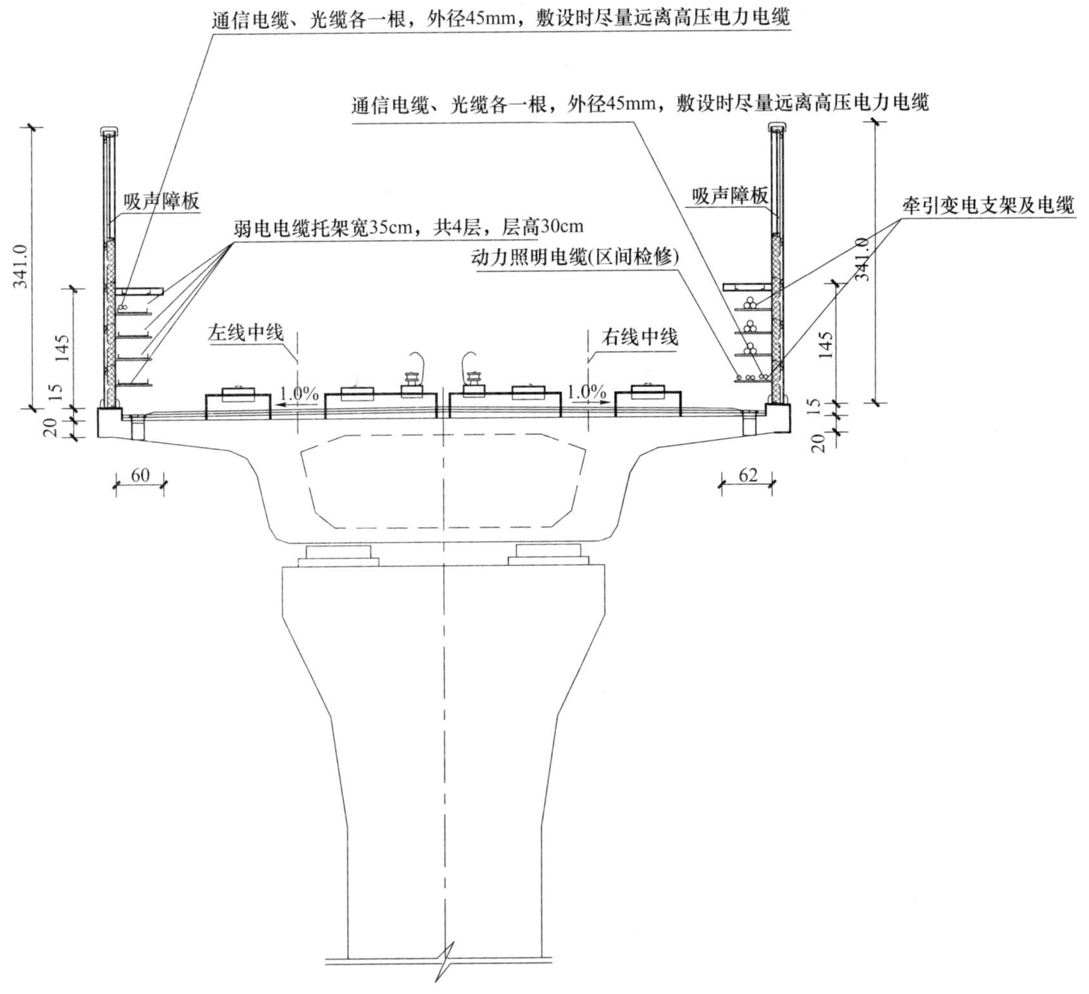

图 10-9 天津地铁 1 号线新建高架桥段管线综合布置（cm）

注：本节原文曾刊载于天津市土木工程学会第七届学术年会优秀论文集中。

10.6 地铁线路最小线间距与加宽计算研讨

地铁双线并行地段线路中心线之间的距离简称为线间距，在保证两线双向行车安全距离的前提下，为减少占地和节省工程投资，工程设计应根据线路条件（直线/曲线）、车辆类型、车辆限界及设备限界等进行计算，合理确定最小线间距这一线路设计的重要基础参数。

《铁路线路设计规范》GB 50090—2006（以下简称《线规》）对区间线路线间距及曲线加宽均有条文规定，明确了区间直线地段最小线间距，并附有曲线地段线间距加宽计算公式，列出了不同半径曲线的线间距加宽值表，可直接查用，方便设计。而现行《地铁设计规范》GB 50157—2013（以下简称《设规》）对双线并行地段（直线/曲线）线间距均无明确条文规定，也无相关计算方法说明，具体工程设计处理办法不尽相同。采用线间距过小会给行车安全带来隐患，线间距太大则会造成工程投资浪费，故有必要对此进行深入探讨。本节依据《线规》中的相关办法，结合地铁线路、车辆参数等自身特点进行分析研究。

1. 双线并行区间直线地段最小线间距

(1)《设规》最小线间距计算

《设规》对区间地面、高架线路双线并行直线地段最小线间距未作出明确规定，仅在限界章第 5.1.6 条规定："相邻区间线路，当两线间无墙、柱或设备时，两设备限界之间的安全间隙不应小于 100mm"，按此计算得出的最小线间距见表 10-6。

按设备限界控制点计算的直线地段最小线间距　　表 10-6

车型	设备限界控制点坐标值（mm）	《设规》规定最小安全间隙（mm）	直线地段最小计算线间距（mm）
	地面线、高架线		地面线、高架线
A 型车	1595	100	3290
B 型车	1538	100	3176

由表 10-6 可见，理论计算的最小线间距按 0.1m 取整，采用 A 型车时取 3.3m，采用 B 型车时取 3.2m。

天津地铁 1、2、3 号线（采用 B 型车）最小线间距均为 3.6m；上海轨道交通 1 号线等（采用 A 型车）最小线间距为 3.8m，其他城市地铁亦大致如此。可见对照现行《设规》线间距均有较大的优化空间，其余量 A、B 型车分别为 0.5m、0.4m。

由此可见，在地铁工程实际设计中，为节省工程投资和减少占地，可考虑设计较小的最小线间距，曲线地段则按规定加宽。

(2)《线规》最小线间距相关规定

根据《标准轨距铁路机车车辆限界》GB 146.1—1983，最小线间距按列车不限速会车时列车间的安全距离要求，以列车最高行车速度分档确定。例如，当旅客列车设计行车速度小于等于 140km/h 时，线路直线地段最小线间距为 4.0m，曲线地段按规定加宽。

2. 曲线地段线间距加宽计算

(1)《线规》曲线加宽相关规定

《线规》第 3.1.8 条明确规定："当区间曲线相邻两端直线采用最小线间距时，曲线地段线间距应按规定加宽"，并列出曲线不同半径和超高情况的加宽值表。例如，某路段旅客列车设计行车速度为 80km/h，当外侧线路曲线超高大于内侧线路曲线超高时，在曲线半径为 1000m 的曲线地段，线间距加宽值经查表可知为 155mm。

(2)《设规》曲线地段设备限界加宽计算规定

《设规》附录 D 中 D.0.2 条明确规定：曲线地段车辆限界或设备限界偏移量计算应包括平面曲线或竖曲线引起的几何偏移量、过超高或欠超高引起的限界加宽和加高量、曲线轨道参数及车辆参数变化引起的限界加宽量 3 项因素。

1）附录 D 中的平面曲线或竖曲线引起的车体几何偏移量表（表 D.0.2-1、表 D.0.2-2），因未列出计算公式，故不明确该偏移量是由平面曲线引起的还是由竖曲线引起的，或是由两者叠加引起的，不便于设计使用。

2）附录D列出了“过超高或欠超高引起的设备限界加宽或加高量”（表D.0.2-4）。在先期土建工程设计阶段，因轨道超高或欠超高数值难以确定，故按表D.0.2-4来计算设备限界偏移量，在设计程序操作上有难度。

3）附录D还列出了曲线轨道参数及车辆参数变化引起的加宽量计算公式。根据公式可计算出不同曲线对应的设备限界加宽量，见表10-7。

曲线轨道参数引起的设备限界加宽量　　表10-7

曲线半径 R（m）	曲线外侧设备限界加宽量（mm）	曲线内侧设备限界加宽量（mm）	设备限界总加宽量（mm）
150	15	12	27
200	15	12	27
250	15	12	27
300	14	11	25
350	14	11	25
400	14	11	25
500	14	11	25
600	14	11	25
700	14	11	25
800	14	11	25
1000	14	11	25
1200	14	11	25
1500	14	11	25
2000	14	11	25
3000	14	11	25

(3) 曲线地段线间距加宽计算方法

现行《设规》对双线并行曲线地段线间距加宽既未作出明确规定，也无计算方法说明，在地铁线路设计中，通常仍沿用《地下铁道设计规范》GB 50157—1992的曲线加宽基本公式计算曲线内、外侧偏移量以及轨道、车辆参数变化引起的偏移预留C值，进而计算出曲线地段的内侧线间距加宽值$E_{内}$及外侧线间距加宽值$E_{外}$。

计算公式：

曲线地段内侧加宽值：

$$E_{内}=\frac{L_1^2+a^2}{8R}+X_{ck}\cos\alpha+Y_{ck}\sin\alpha-X_{ck}+C \quad (mm) \tag{10-37}$$

曲线地段外侧加宽值：

$$E_{外}=\frac{L_0^2-(L_1^2+a^2)}{8R}+X_{ck}\cos\alpha-Y_{ck}\cdot\sin\alpha-X_{ck}+C \quad (mm) \tag{10-38}$$

式中　L_0——车体长度，B型车19000mm，A型车22100mm；

L_1——车辆定距，B型车12600mm，A型车15700mm；

a——车辆固定轴距，B型车2300mm，A型车2500mm；

R——曲线半径，(mm)；

α——车体竖向倾角，$\alpha=\sin^{-1}\dfrac{h}{S}$；

h——曲线外轨超高，mm；

S——内外轨头中心距离，取 1500mm；

X_{ck}——车体横向控制点坐标；

Y_{ck}——车体纵向控制点坐标；

C——考虑车辆及轨道参数变化而预留的加宽值。

公式（10-37）、公式（10-38）中第一项为平面曲线引起的车体几何偏移量，后三项为曲线外轨竖向超高引起车体倾斜产生的横向偏移量。

1）平面曲线引起的车体几何偏移量

平面曲线引起的车体几何偏移量计算结果见表 10-8。该表中的值恰与现行《设规》附录 D 中表 D. 0. 2-1 和表 D. 0. 2-2 中的值吻合。这说明该附录表中的偏移量并不含因曲线外轨竖向超高引起车体倾斜产生的横向偏移量。

平面曲线引起的车体几何偏移量　　表 10-8

曲线半径 R（m）	车体几何偏移量（mm）			
	A 型车		B 型车	
	曲线外侧	曲线内侧	曲线外侧	曲线内侧
150	196	211	165	136
200	147	158	123	102
250	118	126	99	82
300	98	105	82	68
350	84	90	71	58
400	74	79	62	51
500	59	63	49	41
600	49	53	41	34
700	42	45	35	29
800	37	39	31	26
1000	29	32	25	20
1200	25	26	21	17
1500	20	21	17	14
2000	15	16	12	10
3000	10	11	8	7

2）曲线外轨竖向超高引起车体倾斜产生的横向偏移量

经计算发现，曲线外轨竖向超高引起车体倾斜产生的横向偏移量为负值。这说明因超高引起车体内倾产生的横向偏移实际上是向曲线内侧偏移的，这也说明当左、右线设置相同的超高时，内侧线上车体内倾产生的向曲线内侧偏移对线间距加宽是有利的。

《设规》对线间距加宽计算尚无明确规定，为方便设计，本节依据《标准轨距铁路建筑限界》GB 146.2—1983 及《线规》的相关规定，结合地铁线路及车辆参数等计算确定线间距加宽值。根据《线规》规定，当外侧线路实设超高（h_w）等于或小于内侧线路实设超高（h_n）时，车体内倾不影响线间距，故线间距加宽值即为平面曲线引起的曲线内、外侧车体几何偏移量之和。当外侧线路实设超高大于内侧线路实设超高时，外侧线路车体内倾距离大于内侧线路车体内倾距离，故超高引起的加宽量 W_h 为：

$$W_h = \frac{H}{1500}(h_w - h_n) \tag{10-39}$$

式中　W_h——超高引起的加宽量，mm；

h_w——外侧线路实设超高，mm；

h_n——内侧线路实设超高，mm；

H——自轨面至车辆限界计算点的高度，mm；按《设规》附录 D，当横向偏移计算点取车顶处时，H=3800mm。

将 H=3800mm 代入公式（10-39）可简化为：

$$W_h = 2.53(h_w - h_n) \quad (\text{mm}) \tag{10-40}$$

公式（10-40）中的实设超高 h_w、h_n 与内、外侧线路的列车设计运行速度有关，而列车设计运行速度又与线路平面曲线半径和纵断面坡度有关。由于行车组织和轨道设计滞后，上述参数难以在线路设计时准确确定，且根据曲线超高逐个计算加宽值过于烦琐，故为保证行车安全，按曲线超高设置的最不利情况来计算，以使线间距有足够的宽度。《线规》根据曲线超高的允许设置范围，以超高上界作为外侧线超高，下界作为内侧线超高，并设定 $h_w - h_n \leqslant h_w/2$。据此，地铁线路按《设规》允许的超高设置范围：当曲线半径为 600m 及以下时，外侧线路超高取 120mm，内侧线路超高取 60mm；当曲线半径大于 600m 时，外侧线路超高为计算值，内侧线路超高取外侧线路超高的 1/2。按公式（10-40）计算可得因线路超高引起的线间距加宽量（见表 10-9）。

外侧线路超高大于内侧线路超高引起的线间距加宽量　　表 10-9

曲线半径 R（m）	列车设计运行速度（km/h）	超高（mm）		线间距加宽量（mm）	
		h_w	h_n	A 型车	B 型车
150	47	120	60	152	152
200	55	120	60	152	152
250	61	120	60	152	152
300	67	120	60	152	152
350	73	120	60	152	152
400	78	120	60	152	152
500	80	120	60	152	152
600	80	120	60	152	152
700	80	108	54	137	137
800	80	94	47	119	119
1000	80	76	38	96	96
1200	80	63	32	78	78
1500	80	50	25	63	63
2000	80	38	19	48	48
3000	80	25	13	30	30

3）C 值的研讨

在《设规》颁布之前，地铁线路实际设计中，为简化设计，部分工程设备限界加宽计算考虑了预留轨道及车辆参数变化的影响，例如在天津地铁 2、3 号线设计中按曲线半径分档取值见表 10-10。

不同 R 时对应的 C 值　　表 10-10

R（m）	R＜300	300≤R＜800	800≤R＜2000	R≥2000
C（mm）	50	40	30	20

现行《设规》明确了曲线地段 C 值的计算公式，简化了计算过程，其计算结果见表 10-7。设备限界加宽计算时应按表 10-7 计入 C 值。

无论是地铁还是铁路，区间并行地段两线间均不会设置杆、柱、墙等设备。可见线间距实际上与设备限界并无直接关系。事实上，一般铁路的机车、车辆及轨道技术条件并不比地铁的优良，但《线规》的曲线线间距加宽计算，却从未考虑车辆、轨道参数变化引起的加宽量。基于上述因素，故 C 值拟不计入线间距加宽计算。在具体工程设计中，由设计者根据工程实际情况酌定。

4）曲线地段线间距加宽值

双线并行曲线地段两线间无杆、柱、墙等。如曲线两端均为最小线间距，则当外侧线路超高等于或小于内侧线路超高时，曲线地段线间距加宽值为平面曲线引起的车体几何偏移量之和，即表 10-8 中偏移量之和；当外侧线路超高大于内侧线路超高时，曲线地段线间距加宽值还应加上曲线外轨竖向超高引起车体倾斜产生的横向偏移量（即表 10-9 中的加宽量）。综合这两种情况，曲线地段线间距加宽值如表 10-11 所示。

区间直线地段为最小线间距时曲线地段的线间距加宽值　　表 10-11

曲线半径 R（m）	速度 V（km/h）	线间距加宽值（mm）			
		线路外侧曲线超高大于内侧曲线超高		内、外侧线路曲线超高其他情况	
		A 型车	B 型车	A 型车	B 型车
150	47	559	453	407	301
200	55	457	377	305	225
250	61	396	333	244	181
300	67	355	302	203	150
350	73	326	281	174	129
400	78	305	265	153	113
500	80	274	242	122	90
600	80	254	227	102	75
700	80	224	201	87	64
800	80	195	176	76	57
1000	80	157	141	61	45
1200	80	129	116	51	38
1500	80	104	94	41	31
2000	80	79	70	31	22
3000	80	51	45	21	15

注：采用表列数值间的曲线半径时，线间距加宽值可采用线性内插值。

表 10-11 中的线间距加宽值按内、外侧线路曲线超高设置情况区分计算。这也与铁路标准一致，更趋合理。按地铁行车速度 80km/h，对应不同半径曲线计算得到的线间距加宽值，与《线规》中线间距加宽值对比可见，表 10-11 中的线间距加宽值略小。这是由铁路列车与地铁列车的车辆参数差异引起的，也是切合实际的。

使用表 10-11 时还须注意以下几点：

① 应结合具体工程项目和限界专业等提供的正式资料与表 10-11 进行核对检算。

② 本表按最高行车速度 80km/h 编制，当曲线半径为 450m 及以上时，已不限速，其线间距加宽值可根据实际行车速度（最高 100km/h）、曲线半径及相应超高（最大 120mm）等因素作相应调整。

③ 当内、外侧线路有曲线超高的确切资料，且 h_n 比 $h_w/2$ 大较多时，可按公式（10-40）计算调小因超高引起车体内倾产生的偏移量及线间距，如考虑留有安全余量，亦可不作调整。

④ 矩形隧道采用按曲线内、外侧偏移量加宽计算建筑限界时，还应按《设规》要求另行考虑测量误差、施工误差、结构沉降、位移变形等因素。

3. 结论

《设规》对双线并行直线地段最小线间距及曲线地段线间距加宽计算均无条文明确规定。本节按《设规》限界章节中的相关条文规定，计算得出直线地段最小线间距。经比较发现，现有地铁线路实际采用的最小线间距有较大的优化空间。为节省工程投资和减少占地，经各级审定，尚可考虑设计较小的线间距：采用国产 A 型车及 B 型车时直线地段最小线间距分别为 3.3m 及 3.2m。

当确定采用较小线间距时，曲线地段线间距则应按规定予以加宽。本节参照《线规》的相关规定及计算办法，结合地铁线路及车辆参数等因素计算出曲线地段线间距加宽值，并提出了使用该计算值的主要注意事项，以供设计参考。

最后说明一点：本节原文曾刊载于《城市轨道交通研究》2017 年第 3 期，当时依据的是《铁路线路设计规范》GB 50090—2006，该规范现已更新为《铁路线路设计规范》TB 10098—2017，具体工程设计应以现行设计规范为准。

10.7 天津地铁 1 号线地面铁路联络线设计

天津地铁 1 号线设计、修建执行的是《地下铁道设计规范》GB 50157—1992，按规范规定，并考虑天津地铁规划路网和 1 号线实际需要，在线路南段靠近双林车辆段的复兴门站与就近的造纸厂专用线之间设计了联络线。因周边自然环境复杂，工程十分困难，造成线路技术条件很差，现就该联络线的线路方案设计作一简介。

1. 联络线线路方案比选

该处联络线设计先后做了两个线路方案（见图 10-10）进行技术经济比选。

（1）城防河西线路方案

即工可研报告中的复兴门联络线方案，线路自复兴门站东端左线出岔后设半径 150m

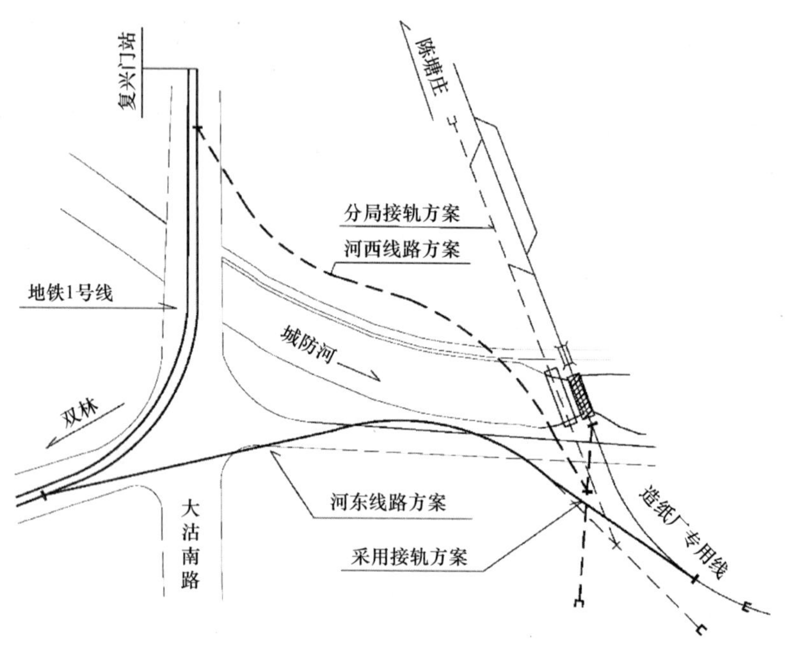

图 10-10　联络线方案示意图

的反向曲线，跨过水产路、城防河与造纸厂专用线连接，线路长度 0.526km（另过渡段线路长度 54m）。

该方案在初步设计中，线路平面维持原工可研线位不动，仅纵坡设计由于复兴门站高程受中环线东南半环大沽南路立交的影响而抬高作了适当调整。该方案的优点是站端出岔便于管理、线路长度较短，但存在下列突出问题和主要缺点：

1）联络线线路技术标准低，运营条件差：线路平面采用 150m 反向曲线且不能设置缓和曲线，高架桥上列车制动下坡安全性较差。

线路纵坡最大坡度 39.5‰，考虑上坡曲线阻力当量坡度 4‰（600/R），行车实际最大坡度为 43.5‰，且上坡方向去双林车辆段多为重车，故需研制特型机车方可满足列车牵引要求。

行车方向不顺，自铁路接轨点至双林车辆段均需在复兴门站折角一次。

2）复兴门站出站后紧接小半径曲线斜跨大沽南路，桥跨结构复杂，大沽南路交通疏解困难，施工难度大。

3）线位大部分处在房屋密集区，需拆迁民房约 3750m^2，工程投资显著增大。

4）线路跨越城防河，需增设跨河桥，增大工程投资。

5）线路与水产路交叉，轨顶与路面高差 4.27m，扣除桥梁结构及轨道高度，跨越净高不足 2m。因道路紧靠河边，交叉处受相距仅 60m 的既有铁路桥头道口控制，若抬高道路平交，则道路坡度达 8%以上，不满足城市道路标准；如道路下挖改作地道，因道路本身就是河堤，显然技术上不可行。故道路只能紧靠铁路平行改移，因而引起更多民房拆迁及道路工程，又增大了工程投资。

（2）城防河东线路方案

该方案为初步设计阶段新提出的联络线方案。线路自复兴门站东端曲线终点后 20m

出岔，设半径分别为 300m、150m 的同向曲线沿城防河东侧接入造纸厂专用线，线路长度 0.640km（另过渡段线路长度 61m）。

该方案的主要优点是：

1）线路技术标准高、运营条件较好。

线路平面受城防河、复兴门排水泵站方涵、机房等多种因素控制，最小曲线半径仍采用 150m，但两端均设有 20m 缓和曲线，改善了运营条件。

由于出岔点高程降低，线路最大纵坡初步设计为 22‰，后因城防河改造，新修了沿河道路，受平交道口的高程控制，施工设计修改纵坡为 33‰，比河西方案纵坡小 6.5‰，对列车重车上坡牵引有利。行车方向顺，自接轨点至双林车辆段无需折角运输。

2）岔后及跨越大沽南路处基本为直线，对道路交通干扰小，桥跨结构简单，工程实施较简易。

3）线位基本处于空旷地带，拆迁房屋少，基本不拆迁民房。

4）不跨越城防河，不用修建跨河桥。

5）线路沿城防河东侧走，避免了与水产路交叉干扰及相关工程。

6）与城防河西线路方案相比较，节省工程投资 1912 万元。

该方案的主要缺点是线路增长 121m，出岔点距离复兴门站东端约 390m，运营管理上不如站端出岔方便。考虑联络线使用频率低且不在地铁车辆行车时段运行，故对地铁运营管理实际影响甚小。

2. 方案比选结论

经上述技术经济比较，城防河东线路方案具有线路技术标准高、运营条件较好、市区民房拆迁少、无道路交叉干扰、跨越大沽南路桥跨结构及工程实施较简易等优点，并节省大量工程投资（1912 万元），设计推荐该线路方案，并经各级审定采用。

3. 与既有铁路接轨方案的确定

在工可研和初步设计阶段，两个方案均考虑在城防河桥东头直线段出岔与造纸厂专用线接轨，后管理该造纸厂专用线的天津铁路分局提出由分局作接轨局部方案设计，拟在桥西端原站坪增设两股道，并行既有桥增设一座一孔 30m 跨河钢桥（设计概算 120 万元），增加工程投资较大。后建设单位决定买下造纸厂专用线，并再次请设计单位研究新的接轨方案。为充分利用既有线，节省工程投资，提出新方案为：联络线曲线与既有线曲线设公切线相连并出岔，利用一段既有线作列车停留、折返线，城防河两侧既有线兼作地铁列车牵出及走行线用，不设跨河钢桥，河西侧站坪少设一股道，只需修复利用原有股道作货物交接、换装和铁路、地铁机车廻转使用。该方案经建设单位、总体设计院、天津市市政工程设计研究总院、天津铁路分局会审，均认为是最优方案，顺利建成交付使用。

该联络线平纵断面、路基、轨道等具体设计标准均采用第 5 章的建议标准，至今使用效果良好。

注：本次原文曾刊载于《铁道标准设计》2006 年第 4 期。

10.8　地铁市郊地面线路基设计

路基是轨道的基础，是重要的土工构筑物。地铁路基既要保证足够的强度、稳定性和耐久性，使之能抵抗各种自然因素的作用，又要从技术条件、施工条件、可能造成的环境和社会影响、建设投资、节约用地等方面综合考虑。本节结合天津地铁 3 号线市郊一段较典型的路基工程实例，论述该工点路基设计高度、宽度、横断面形式的合理确定以及电缆沟槽的紧凑布设并与路基排水沟采用联体设计等。

地铁地面线的路基设计与常规铁路的路基设计不尽相同，它除路基本体工程之外，还需综合考虑动力、照明、通信、信号等电缆管沟（或支架）的布设，又由于地铁地面线一般地处城郊，往往还须符合沿线建设规划要求，并充分考虑环境景观、节约用地等因素，天津地铁 3 号线小淀地区一段路基工点设计较具有典型性，该路基工点位于线路北段高架桥头至小淀地面站站端之间约 400m 地面线，因地处低洼，路基排水困难，需采取特殊处理措施，简介如下：

1. 路基高度的确定

地铁市郊地面线路基一般设计为路堤，其路肩高程应保证路基面不受水的影响，即不受洪水淹没而影响行车，并在地下水位最高时不因毛细水上升至路基面使土的湿度增加而降低路基面土的强度和承载力或发生冻胀、翻浆冒泥等病害。

该段地面线沿丰产河北岸且地势低洼，路肩高程应高出 1/100 洪水频率设计水位加波浪侵袭高加壅水高加 0.5m。该段地层以粉质黏土为主，地下水埋深 0.5～3.0m，土壤最大冻结深度 0.7m，路基最低高度应不低于地下毛细水上升高度加冻结深度加安全值。又因该段线路地处小淀开发区，还应考虑场地规划高程要求，本段地面线的路肩设计高程最终根据多次调整后线路纵断面设计轨顶高程及轨道专业的碎石道床无缝线路轨道设计横断面计算确定，轨顶高程 5.0m，计算得出路肩至轨顶高差 0.979m，因此路肩设计高程为 4.021m，路基高度 2.5～2.7m。

2. 路基横断面设计

（1）路基面宽度

路基面宽度应根据正线数目、配线情况、线间距、轨道结构尺寸、路基面形状、曲线加宽量路肩设计宽度等计算确定。本线路正线为双线，小淀站前配有一组单渡线，线间距 5m，轨道结构采用碎石道床无缝线路，路基面形状为三角形，路肩宽度 0.6m，计算得出直线地段路基面宽度为 12.1m。本段内有半径 400m 曲线一处，路基面外侧按规定加宽 0.5m，在缓和曲线地段内逐渐增至缓圆点达到加宽量。

（2）路基横断面形式

铁路一般路基横断面设计较为简单，其标准形式如图 10-11 所示。

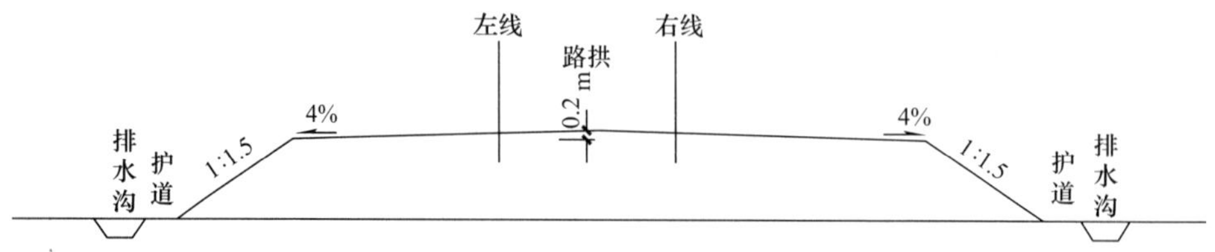

图 10-11　双线铁路一般路基横断面示意图

地铁地面线路基横断面设计需要综合考虑强弱电缆管沟布设，同时考虑到本段地面线路基地处低洼，自然地面高程大部分与邻近河渠常水位基本等高，局部洼地更低，为确保路基排水通畅，故本段地面线路基不宜按常规自路肩外侧放坡后在原地面下挖排水沟，而应采取措施尽可能抬高排水沟底高程。

设计采取平路肩向外侧布设强、弱电管槽和排水沟，即自地面填土至沟槽底后铺设沟槽，从而抬高排水沟底高程，防止该低洼路段排水不畅甚至倒灌的产生，确保路基干燥稳固。为节省用地，强、弱电管槽与排水沟紧凑布置，均采用矩形断面钢筋混凝土联体管沟，沟外侧填土宽 1m 以稳固沟槽并兼作维修通道。顶面设 4%向外的排水横坡，外侧边坡 1∶1.5，坡脚外 0.5m 设隔离栅栏，栅栏外 1m 为地铁用地界。详见图 10-12。

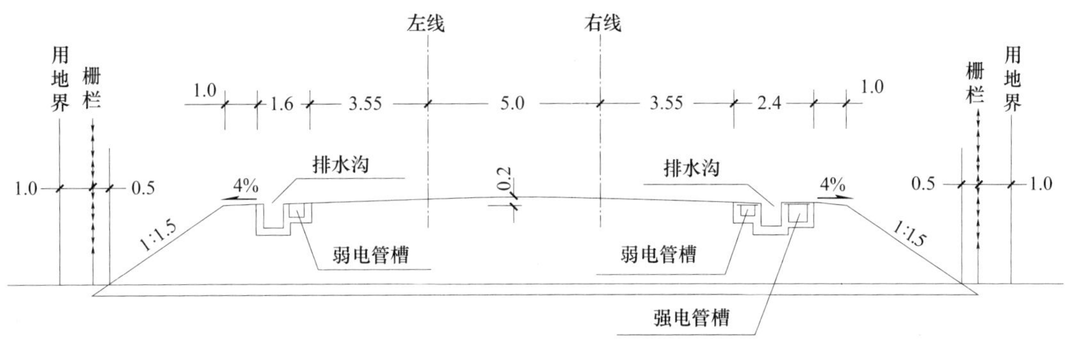

图 10-12　地铁地面线路基横断面示意图（m）

(3) 路基填筑

路基基床（表层 0.4m，底层 1.1m）及其下部填料标准及压实度等技术要求均按现行地铁设计规范执行，此处不再赘述。

(4) 基底处理

根据地质详勘报告，本区土层分布软土，软硬不均，淤泥质土层较厚，工程措施采用地基加固处理。设计基底采用水泥搅拌桩处理，桩直径 0.5m，桩长 13m，间距 1.5m，正三角形布置，桩顶设 0.5m 厚碎石垫层。

3. 强、弱电管槽布设及排水沟设计

为节省用地，区间地面线路基地段强、弱电管槽与排水沟采用钢筋混凝土综合管沟联体结构，综合管沟尺寸及敷设方式根据相关专业要求设计。

(1) 强电管槽

布设在右线右侧，排水沟外侧，宽深尺寸 600mm×500mm，上加提手盖板。

(2) 弱电管槽

布设于路基两侧的排水沟内侧，宽深尺寸 400mm×300mm，上加提手盖板。

(3) 管槽排水

为防止管槽内积水，管槽底设置 2‰的纵向排水坡度，管槽底高程较同断面排水沟底高程高出 0.2m，并每隔 4m 设置与排水沟连通的泄水孔。

(4) 排水沟设计

排水沟与强、弱电管槽联体设计，断面同为矩形，宽度 0.6m，车站端部排水沟起始

深度右侧较强电管槽底低 0.2m，左侧较弱电管槽底低 0.2m，分别为 0.7m、0.5m。沟底设 2‰纵坡，自站端向区间顺坡排水，南端自排水沟终点向外延伸 30m，排入就近的沟渠。北端与车场排水设计衔接。

本段线路纵坡，靠车站端为平坡，靠高架桥端排水沟末端 168m 线路纵坡为 4‰上坡，为避免沟底 2‰下坡反坡排水引起水沟过深（经验算水沟终点最深处连同沟底板垫层深达 2.267m）而影响路基本体强度，为此拟将综合管沟适当外移离开路肩边缘一定距离，将沟槽顶部降低因 4‰反坡产生的高差值，即在边坡上设平台布设综合管沟（见图 10-13），排水沟深度仅按 2‰顺坡控制，排水沟终点最深处最终为 1.295m。图 10-13 中排水沟中心至路肩边缘距离 x 根据控制断面因反坡产生的高差最大值及弱电管槽、排水沟结构尺寸计算确定，本段设计为 2.8m。

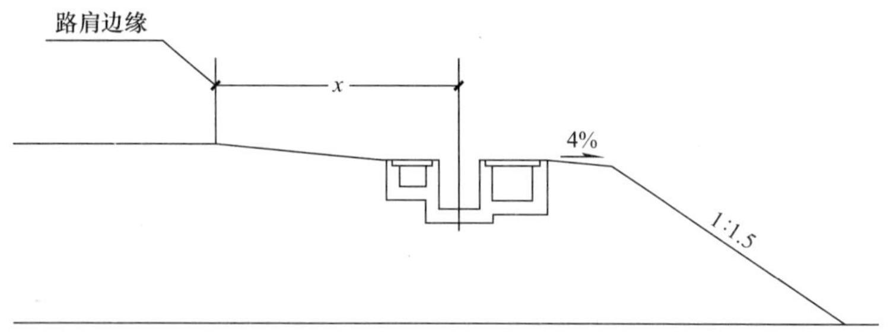

图 10-13　边坡平台式布设综合管沟

为方便施工，对综合管沟布设位置、不同里程断面的排水沟深度、沟底高程、沟底垫高厚度等均计算列表编入设计文件。

综上所述，本段地面线路基工点设计，根据地处城郊开发地块及地势低洼等具体条件，合理设计路基横断面形式，综合管沟紧凑布置并采用与排水沟联体设计，避免地势低洼积水，确保管槽及路基排水通畅并节省城郊用地，可供类似工程设计借鉴。

注：本节原文曾刊载于《铁道标准设计》2010 年第 12 期。

第 11 章　关于新版《地铁设计规范》中的问题解读

新版《地铁设计规范》GB 50157—2013（以下简称《设规》）发布实施四年多了，通过设计实践，对《设规》中相关专业部分尚不明确或不尽完善之处，结合地铁工程实际，并参照有关国标的相关规定进行深入分析研究，并提出建议性意见。

1. 最小线间距问题

铁路双线并行地段两线路中心线之间的距离简称为线间距，是线路设计中最常用的主要技术参数之一，《铁路线路设计规范》GB 50090—2006 根据现行国家标准《标准轨距铁路机车车辆限界》GB 146. 1—1983 的规定，按保证两线不限速会车要求的列车间安全量，明确规定对应不同速度线路的最小线间距。

《设规》对地铁区间双线并行直线地段最小线间距未作出明确规定，仅在“限界”章节中第 5. 1. 6 条规定：“相邻区间线路，当两线间无墙、柱或设备时，两设备限界之间的安全间隙不应小于 100mm”，据此计算得出的最小线间距列于表 11-1。

按设备限界控制点计算的直线地段最小线间距　　表 11-1

车型	设备限界控制点坐标值（mm）	《设规》规定最小安全间隙（mm）	直线地段最小计算线间距（mm）
	地面线、高架线		地面线、高架线
A 型车	6″—1595	≥100	≥3290
B 型车	7″—1538	≥100	≥3176

由表 11-1 可见，理论计算的最小线间距按 0. 1m 取整，A 型车≥3. 3m、B 型车≥3. 2m 即可。

实际设计中，当采用 B 型车时，如天津地铁 1、2、3 号线，最小线间距均采用 3. 6m，当采用 A 型车时，最小线间距采用 3. 8m，如上海地铁 1 号线等，可见都留有较大富余量，A 型车约 0. 5m，B 型车约 0. 4m。

这里需要讨论的是，区间并行地段两线间既然无墙、柱及其他设备，这也是常规铁路和地铁的基本常态，说明两线间的线间距与设备限界并无直接关系，那么按设备限界加安全间隙确定最小线间距，让人不好理解。如改按《标准轨距铁路机车车辆限界》GB 146. 1—1983 并按地铁车辆限界加安全间隙确定最小线间距，就比较直观、也好理解了。

经检算，车辆限界控制点与设备限界控制点的横向坐标差值，A 型车为－25mm，B 型车为－43mm，若设定两车辆限界控制点之间的安全间隙取 150mm，则计算得出的最小线间距，A 型车为 3315mm，B 型车为 3183mm，与按设备限界控制点计算的最小线间距基本一致，两种车型分别略大 25mm、7mm。

2. 曲线地段限界计算及线间距加宽问题

如前所述，现有地铁设计实际采用的直线地段最小线间距较理论计算的直线地段最小线间距留有较大富余量，《设规》对曲线地段加宽及具体计算方法均未作出明确规定，但具体工程设计中仍要涉及这一问题。

（1）曲线地段限界加宽计算问题

《设规》在“附录 D 圆曲线地段车辆限界和设备限界计算方法”中提出：曲线地段车辆限界或设备限界加宽量应按平面曲线或竖曲线引起的车体几何偏移量计算确定，并列出了 A、B 型车对应不同半径曲线内、外侧的车体几何偏移量表。注意到此处用的是“或”字，故未明确该表列偏移量是由平面曲线还是竖曲线引起的，或是两项叠加的结果，设计使用不便。经按曲线加宽基本计算公式第一项 $E_{内}=\frac{L_1^2+a^2}{8R}$、$E_{外}=\frac{L_0^2-(L_1^2+a^2)}{8R}$（式中 R 为平面曲线半径，其他均为地铁车辆参数）进行检算，结果列于表 11-2。

平面曲线引起的车体几何偏移量 $E_{内}$、$E_{外}$　　**表 11-2**

曲线半径 R（m）	车体几何偏移量（mm）			
	A 型车		B 型车	
	曲线外侧	曲线内侧	曲线外侧	曲线内侧
150	196	211	165	136
200	147	158	123	102
250	118	126	99	82
300	98	105	82	68
350	84	90	71	58
400	74	79	62	51
500	59	63	49	41
600	49	53	41	34
700	42	45	35	29
800	37	39	31	26
1000	29	32	25	20
1200	25	26	21	17
1500	20	21	17	14
2000	15	16	12	10
3000	10	11	8	7

表 11-2 中的值恰与《设规》附录 D 中表 D. 0. 2-1、表 D. 0. 2-2 中的值吻合，说明该附录表中的偏移量只是平面曲线引起的，并不含曲线外轨竖向超高引起车体倾斜产生的横向偏移量，具体工程设计中还应另行计算确定。而且这两种限界的最终加宽量理应是平、竖曲线引起的两项偏移量的叠加结果。

（2）曲线地段线间距加宽问题

鉴于《设规》对区间双线并行的高架、地面线路最小线间距未作出明确规定，而现有设计实际采用的最小线间距较理论计算的最小线间距留有较大富余量（A 型车达 510mm，B 型车达 424mm），可见最小线间距尚有较大的设计优化空间。从工程经济角度考虑，为节省工程投资、减少占地，在具体工程设计中尚可考虑采用较小的最小线间距，事实上已有限界、线路专业人士提出这方面的建议。如按此设计，则曲线地段应根据两端直线地段实际采用的最小线间距，计算确定曲线地段线间距加宽值。该加宽值是线路设计中常用的主要技术参数之一，而且要有相应的准确度，若加宽量过大，则不必要地增大了工程投资，若加宽量不足，则可能留下行车安全隐患。《铁路线路设计规范》

GB 50090—2006 对曲线地段线间距加宽有明确规定，并附有加宽计算公式，列出了不同半径曲线的线间距加宽值表，可直接查用，设计甚为方便。由于现行《设规》对此均无条文明确规定，也无相关计算方法说明，设计者处理办法难以统一，因此，为方便设计，建议线路、限界相关专业人员进一步研究，可否参照《铁路线路设计规范》GB 50090—2006 和《标准轨距铁路建筑限界》GB 146.2—1983 的相关规定，结合地铁线路、车辆参数等自身特点，计算出不同半径曲线的内、外侧偏移量及曲线加宽值表，供设计直接查用，避免逐个计算，提高设计工作效率。为此，笔者已作了这方面的探讨，详见第 10.6 节相关内容。

3. 轨枕铺设数量问题

轨枕是支承钢轨并将荷载传递给道床的轨道部件，轨枕铺设数量是构成轨道技术标准的重要参数之一，应根据运量、行车速度及线路平、纵断面条件确定，并结合钢轨及道床等综合考虑，合理配套，以求在最经济条件下，保证轨道具有足够的强度和稳定性。国铁轨道设计规范根据线路性质、轨道类型列有对应不同半径曲线及线路纵坡的每千米轨枕铺设数量表，供设计直接查用。2003 年版《设规》也列有“表 6.3.2 轨枕铺设数量”，而现行《设规》删去了此表，却列出了“表 7.2.7 扣件铺设数量（对/km）”，考虑扣件是与轨枕配套的，轨道设计中只好反其用之，即轨枕铺设标准比照扣件铺设数量执行，其计量单位应为“根/km”。建议将轨枕、扣件的铺设数量标准合而为一列在一个表内，这样就更趋完善了。

4. 其他

作为城市轨道交通，地铁与一般铁路不同，其地面线路基在线路工程中所占比重甚小，故《地下铁道设计规范》GB 50157—1992 并无路基内容，2003 年版及现行《设规》均已纳入“路基”章节，且条文较多，其内容基本上是照搬一般铁路的路基设计规范，故在地铁路基工程设计中应用相关条文时，要注意结合地铁实际界定其使用条件。例如“机械化养路平台”，原本是在行车密度不大有足够间隔时间，允许中、小型机械上道作业的一般铁路上，用作放置移动式发电机组或避车下道的部分机具，而地铁线路日常维修作业只能在晚上地铁停运时段进行，无需避车下道，且地处市郊的线路沿线多有固定电源可用，这些都是平台设计时要考虑的因素。

“路基支挡结构”一节，篇幅较大。实际上，地铁作为城市轨道交通，多建在大城市城区及郊区，考虑城市景观要求和少占城市用地及郊区农田，一般情况下不应当出现路基支挡结构，工程实践中也很少出现。当地处地形起伏大的山区城市的郊区线路需要设计路基支挡结构时，可参考《铁路工程设计技术手册——路基》等既有成熟技术资料进行设计。

此外，现行《设规》中还有一些其他问题，可参见第 6 章，这里就不再赘述了。

注：本章原文曾刊载《城市轨道交通研究》2018 第九期。

第 12 章　地铁设计新技术研发项目设想

为促进现代经济社会持续发展，我国乃至世界各国当前都在大力提倡科技创新发展，在设计技术方面也应有所作为。联想到国内现行《地铁设计规范》GB 50157—2013 尚未对隧道区间紧急疏散通道平台提出具体设计标准，各地也无统一做法，一些地方标准规定也不详尽，现设计常用的悬臂式结构受力不尽合理，也不方便施工，故有必要研发这一结构设计新技术。对此提点个人设想。

1. 项目名称

地铁隧道区间紧急疏散通道平台新结构研发。

2. 研发依据

（1）《地铁设计规范》GB 50157—2013；

（2）天津地铁 2、3 号线限界设计资料。

3. 研发的必要性

现行《地铁设计规范》GB 50157—2013 对线路区间的安全疏散规定："每个区间隧道轨道区间应设置到达站台的疏散楼梯"；"道床面应作为疏散通道"。具体地铁工程项目设计审批时，往往都要求设置与列车底板等高的紧急疏散通道平台，现设计多采用隧道壁的悬臂式结构，承载受力不甚合理，同时也增大了对隧道主体结构的依托或损伤，施工也较麻烦，故有必要研发受力状况更合理、对隧道主体结构依托较少、施工简便的疏散通道平台新结构。

4. 新结构的特点

（1）新结构拟采用立柱顶横梁式，受力状况合理，通道自成独立结构，可避免或减少对隧道主体结构的依托或损伤；

（2）通道板面下立柱支出横杆可兼作沿线电缆、管线布设支架之用，减少了后期电专业钻孔架设电缆支架这项工作量，可缩短工期；

（3）全部构件均由工厂预制，联结道床底面节点预埋，现场装配式施工，劳动强度低，通道施工进度快；

（4）构件材质首选铝合金，防潮锈，无污染，维修少，使用耐久。

5. 结构设计简要说明（仅供研究参考）

（1）通道走行路面宽度为 60～80cm（高架桥上现也有为 50cm），根据具体工程设计确定。

（2）通道边缘至轨道中心水平距离按不小于各车型的设备限界控制，A 型车为（1580+50）mm，B 型车为（1490+50）mm，曲线地段计算加宽。

（3）通道顶面设计高度：通道平台顶面至轨面高度按车型确定，A 型车为（1080±5）mm；B 型车为（1050±5）mm。轨顶以下部分高度根据具体工程的道床结构及联结节点计算确定。

（4）立柱之间设纵向连系构件，增强通道整体刚度和稳定性；立柱中部横向支杆兼作沿线电缆、管线等设备支架之用。见图 12-1。

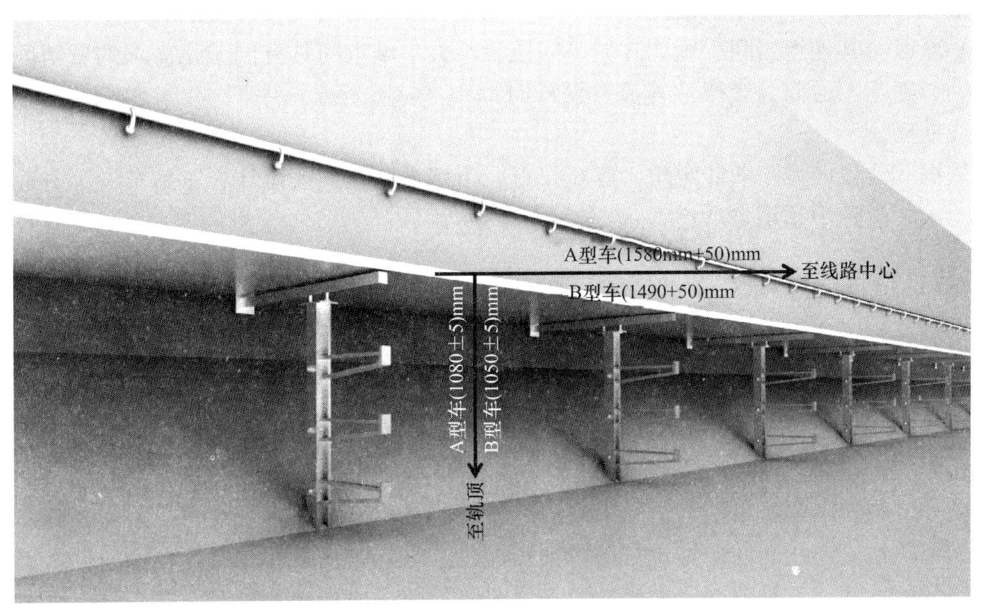

图 12-1　地铁隧道区间紧急疏散通道平台新结构效果图

（5）通道路面板长度暂按每块长 2m 考虑，荷载按同时 4 人共 250kg 考虑，具体数值设计时确定。路面板可采用满足荷载要求的较轻便的预制板，以便于施工。

（6）地下区间线路多采用盾构法施工的单线圆形隧道，其通道立柱底部与底面轨道床联结部位较窄小，需重点细化研究该处联结节点及路面板与隧道壁的依托等细部结构。

受专业局限，上述设想只是笔者个人对结构研发项目的初步感性认识，具体结构还祈望结构专业人员进行进一步研究设计，计算平台构件合理尺寸，解决好顶横梁与隧道壁的依托粘结和立柱底部与轨道床混凝土垫层联结等细节问题，并保证整体结构强度和稳定性。

6. 市场前景预测

众所周知，地铁是解决城市地面交通拥堵、减轻环境污染、促进城市经济社会可持续发展的最佳途径，近二三十年来地铁建设发展迅猛，现已由大城市扩展到省地级城市，而且疏散通道平台在单洞单线的双线区间是双向设置的，如本结构能被采用、推广，全国众多城市那是多大的市场！

现在的关键是抓紧研发、设计，做出结构样品，立项通过申报审批，试铺一两个区间，总结经验，改进定型，推广应用。开拓市场后，该结构产品市场需求量大，研发单位或联合有资质的厂家生产，其经济效益也是很可观的。考虑到本产品结构简单，容易仿制，尚可适时申报专利。

第 13 章　市域铁路线路设计

市域铁路是介于城市轨道交通（地铁）和城际铁路之间的一种轨道交通方式，它是位于中心城区与其他组团间、组团式城镇间或者与大中城市间具有同城化需求的城镇间，服务通勤、通学、通商等规律性客流，设计时速 100～160km，快速、高密度、公交化的客运专线铁路。

依据其线位区域、功能定位、客流特点，市域铁路在选线设计、车站布设等方面有些特定要求，设计中须重点考虑。

1. 市域铁路选线设计

市域铁路选线设计应遵循下列原则：

（1）市域铁路线路走向与布局应符合城市总体规划、市域铁路线网规划，并与城市轨道交通线网规划、综合交通运输体系规划相协调，使交通基础设施建设与城市建设、新型城镇化实施进程协同发展，促进城市总体规划的实施，整体提高社会效益。

（2）市域铁路是城市综合交通的组成部分，应结合市域铁路线网各线路间及其与铁路网、城市轨道交通线网间的客流交换特征及运营需求，以及关联线路的技术条件，确定市域铁路线网各线路与铁路网、城市轨道交通线路的衔接要求和方式。

（3）线路走向应与市域范围主要客流方向一致，并结合城市中、长距离出行客流走廊，串联沿线主要客流聚集区，最大限度地吸引客流，方便乘客出行。

（4）线路敷设方式应因地制宜选择，并重视与城市规划环境的融合，根据城市总体规划、地理环境条件及工程经济等合理确定，宜采用地面线或高架线。城市中心区线路经环境、技术经济比选后可采用地下线。

（5）市域铁路定线设计应符合环境保护、水土保持、文物保护、节约土地的要求。线路尽可能避免或减少房屋拆迁和管线拆改，注意保护重要建（构）筑物和地下资源。

（6）市域铁路地上线与建（构）筑物的距离，应符合减振、降噪、景观等城市环境保护要求。线路路肩边缘和高架结构外缘与建（构）筑物的距离应符合《铁路工程设计防火规范》TB 10063—2016 的规定。

2. 市域铁路车站布设

车站布设应充分考虑市域铁路线位区域、功能定位及客流特点并遵循下列原则：

（1）应以市域线路和城市轨道交通线网规划的换乘节点、既有或规划铁路客站和城市交通枢纽为基本站点，结合城市道路布局、客流集散点分布以及站点周边土地综合开发等因素综合确定，有条件时宜与城市轨道交通形成多点换乘。

（2）车站分布应根据重点功能区和沿线客流分布、设计速度、运输组织及工程条件等因素综合确定，做到疏密有致，体现与速度、时间、运输能力的协调匹配。根据《我国市郊铁路发展对策研究》成果和国内既有市域铁路车站设置情况，市域线的站间距离，在城区和居民稠密地段宜为1.5～3km，在城市外围区宜为3～8km。

（3）中心城外的线路起、终点车站宜与城市用地规划相结合，靠近客流集中区域，方便接驳换乘。中心城内的线路起、终点车站宜设在综合交通枢纽、铁路客站、轨道交通站点附近，提供换乘便捷的一体化综合交通。

3. 线路平、纵断面设计

市域铁路作为客运专线，其线路技术标准制定的基本依据是乘客乘坐舒适度，线路平、纵断面设计应重视平顺性，满足乘客乘坐舒适度要求。

线路技术标准还应符合技术经济合理性原则，应按线路类别及其所处地段分别采用相应的标准，体现建设项目合理的综合效益。位于建筑物密集的城区、车站两端加减速地段的正线以及载客列车运行的联络线应采用与列车运行速度相适应的技术标准。各类辅助线路可采用与其功能定位及列车实际运行速度相适应的较低技术标准。

随着我国市域铁路建设的发展和工程、运营实践经验的积淀，市域铁路设计技术日趋完善，2016年底已由中国铁道学会审批发布了团体标准《市域铁路设计规范》T/CRS C0101—2016，2017年4月又由土木工程学会发布了《市域快速轨道交通设计规范》T/CCES 2—2017，规范中的“线路和站场”及有关章节，对线路设计都有明确的条文规定，特别是对线路技术标准中的平面主要设计参数如最小曲线半径、缓和曲线长度、最小线间距及曲线加宽、圆曲线及夹直线最小长度等，都提出了理论计算公式，并列出了计算成果表，可供工程设计直接查用。规范还规定了市域铁路最大坡度、长大坡段设置要求、竖曲线设置规定及最小竖曲线半径等，工程设计可遵照执行。至于平、纵断面具体设计方法、步骤等，与一般铁路线路设计相同，本章不再详述。

第 14 章　城际铁路线路设计

城际铁路是专门服务于相邻城市间或城市群、旅客列车设计速度 200km/h 及以下的快速、便捷、高密度客运专线铁路。

城际铁路是经济发达地区直接连通相邻城市或城市群的交通基础设施重大工程，线路是构建各项工程和技术装备的最终载体，线路设计的优劣关系到建设项目的工程、运营技术经济合理性乃至项目的整体效果，线路技术标准及平、纵断面设计参数直接影响到列车安全运行平稳性及乘客乘坐舒适度，故城际铁路设计首先必须做好线路设计。

1. 城际铁路选线设计

城际铁路选线设计应遵循下列原则：

（1）符合铁路网规划，与城市总体规划、综合交通运输体系建设规划相协调，做到布局合理。使交通基础设施与城市建设协调发展，促进城市总体规划的实施和经济社会持续发展，提高整体效益。

（2）行经主要城市、城镇吸引客流，方便旅客出行。

（3）符合环境保护、水土保持、文物保护等要求，绕避不良地质和复杂地形，减少拆迁工程量，节约集约用地。

（4）根据城市总体规划、环境条件、土地利用及工程经济等要求确定线路敷设方式，宜采用地面线或高架线，引入城市中心区的线路经技术经济比选后可采用地下线。

（5）考虑既有交通走廊、高压电力线、重要地下管线、军用设施及易燃、易爆或放射性物品等危险物品的影响。

2. 城际铁路车站设置

城际铁路车站选址应遵循下列原则：

（1）车站选址应满足运输需求并与城市总体规划相协调，考虑地形地质条件、既有建筑物拆迁、土地综合开发和城市发展等因素经比选确定。

（2）始发站宜与既有或规划铁路客站、城市综合交通枢纽同址，方便乘客换乘，增大始发站客流量。

（3）中间站应靠近沿线城镇，服务于城镇化发展，也可多吸引线路中段客流量，提高城际铁路运营整体效益。

（4）车站分布应根据沿线城镇分布、客运量、运输组织、设计输送能力及养护维修、救援等技术作业要求，结合工程条件等因素综合研究确定，站间距宜为 5～20km。

3. 线路平、纵断面设计

城际铁路线路技术标准，应根据具体项目设定的速度规模和客运专线性质合理确定。如速度规模 200km/h，其线路技术标准稍低于 250km/h 高速铁路，高于一般城市轨道交通和常规铁路，设定 160km/h、120km/h 等速度规模的线路，从工程因素考虑，其线路技术标准与相同速度的既有国铁标准相当。从客运专线性质考虑，其线路技术标准要重视线路平、纵断面设计的平顺性，满足乘客乘坐舒适度要求。

线路技术标准还应符合技术经济合理性原则，应按线路类别及其所处地段分别采用相应的标准，体现建设项目合理的综合效益。位于建筑物密集的城区、车站两端加减速地段的正线以及载客列车运行的联络线应采用与列车运行速度相适应的技术标准；各类辅助线路可采用与其功能定位及列车实际运行速度相适应的较低技术标准。

线路平、纵断面设计应紧密结合沿线自然条件与工程条件综合确定。路基与桥梁的分界高度应根据地质条件及地基处理措施、填料性质及运输距离、土地资源、建筑物拆迁、交通要求等情况进行经济技术比选后确定。

城际铁路与其他铁路、公（道）路并行地段的间距应结合技术要求、安全防护和养护维修等因素综合分析确定。

随着我国城际铁路建设的发展和工程、运营实践经验的积淀，城际铁路设计技术日趋完善，2014 年底已由国家铁路局发布行业标准《城际铁路设计规范》TB 10623—2014，规范中的“线路”及有关章节，对线路设计都有明确的条文规定，特别是对线路技术标准中平面主要设计参数如最小曲线半径、缓和曲线长度、最小线间距及曲线加宽、圆曲线及夹直线最小长度等，都提出了理论计算公式，并列出了计算成果表，可供工程设计直接查用。规范还规定了城际铁路最大坡度、长大坡段设置要求、竖曲线设置规定及最小竖曲线半径等，工程设计可遵照执行。

至于平、纵断面具体设计方法、步骤等，与一般铁路设计基本相同，本章不再详述。

第 15 章　线路疏解设计实例

随着城市轨道交通建设的发展，市区地铁、轻轨、市郊线、市域线、城际铁路逐年增多，届时有的城市尤其是大城市可能出现多条线路集中于某一车站，形成交通枢纽的情况，为避免相互干扰，保障各条线路独自运行，需要进行线路疏解设计，而这类设计中往往必须克服线位、高程、工程等诸多难点，本章特此介绍济南铁路枢纽改造中董家庄站外线路疏解设计实例，以供类似工程设计参考。

为提高现有铁路运输能力以适应国民经济发展的需要，近几年来一些铁路枢纽，特别是沿海及经济发达地区的铁路枢纽相继进行改建、扩建，因枢纽内车站大多地处大、中城市或近郊区，其疏解线路的改扩建工程往往受线路平面、纵断面及地形、地物等控制，设计复杂，施工困难。通过济南铁路枢纽改造中董家庄站外线路疏解设计实例，就如何因地制宜地正确运用技术标准和采取相应的技术措施做好疏解线路的平、纵断面及路基设计作一介绍。

1. 站外线路疏解现状

济南铁路枢纽董家庄站位于既有北环线上 K2＋681.86 处，距晏党线（即经新黄河大桥的京沪正线的一段，下同）上的济南西编组站 5.1km，原有编组站的两条联络线 B_1、B_2 线从西端引入董家庄站。北环增建第二线后，董家庄站西端将有 4 条正线引入。东端至北园（济南）区间只有两条正线，北环线上行线与 B_1 线下行线在站内平面交叉。北环增二线设计，按要求取消站内的平面交叉，均按方向别立交疏解。由于修建北环线时未预留复线条件，北环增二线的线位及高程均受相邻的既有铁路和车站控制，且自然地形条件也较困难，北环增二线必须通过由晏党线、北环线、B_1 线等铁路围成的三角形水塘，其水位受引黄淤灌控制，故该疏解区的线路平、纵断面及路基设计在技术上及工程措施上均较复杂，且因施工场地狭窄，工程集中，工期紧，因此施工难度也大（见图 15-1）。

2. 线路平、纵断面设计特点

线路疏解区有晏党双线、北环线、B_1 线、B_2 线 5 条既有铁路和北环增二线、B_1 改线两段新线，形成两处立体交叉，即北环增二线下穿晏党双线及 B_1 线既有线降坡改线下穿既有北环线和北环增二线，各线路的平、纵断面设计及工程情况分述如下：

(1) 三方向“丁字形”6 条线路平面设计

根据图 15-1 疏解区内三方向“丁字形”6 条线路的分布及运营繁忙程度，为尽量减少既有铁路、车站的改建工程投资和运营干扰，除 B_1 线为实现按方向别疏解方式必须改线新建一段外，其他各线尽可能维持其平面位置不改动。新建北环增二线的平面设计则采取穿过晏党线后即设置反弯向北环既有铁路并拢，一方面使 B_1 线能一次穿过北环双线从而尽量缩短其小角度斜交框构长度（设计斜交角度 16°59′，框构长度 83.34m），同时可使北环增二线能充分利用一段 B_1线的既有路基及桥涵设备，从而节省了新建工程投资。

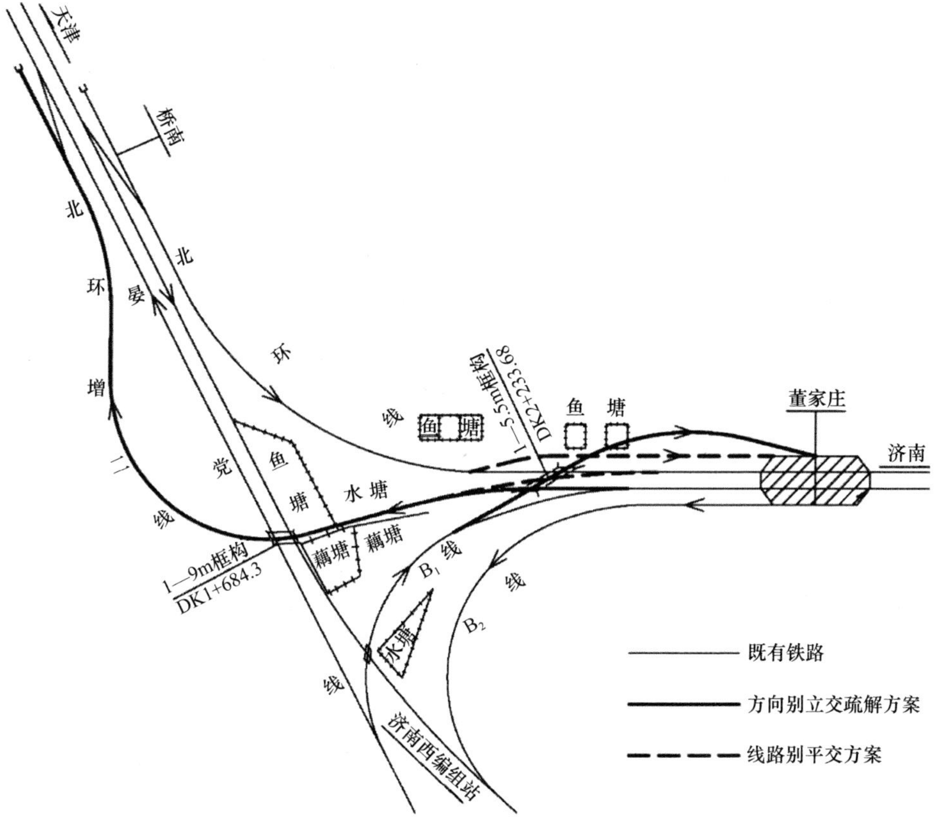

图 15-1　董家庄站外疏解方案线路平面

(2) 线路纵断面设计 (见图 15-2)

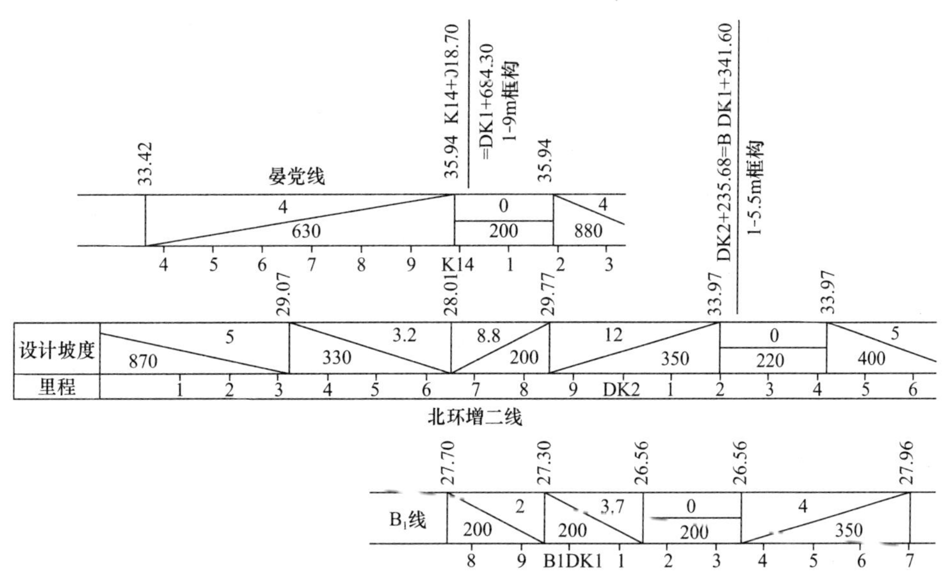

图 15-2　两处立体交叉线路纵断面示意图

1) 根据复线单向行车特点，按行车方向分段采用限坡或最大坡度。

考虑北环增二线为上行线，故从桥南线路所至下穿晏党线立交处（行车方向为上坡）

一段采用 5‰限坡；而从该立交处至上跨 B_1 线立交处一段则考虑其行车方向为下坡采用最大坡度和相邻坡度差 12‰，以尽快爬高（因实际有效距离仅 550m），从而满足上跨 B_1 线立交处的净高要求（按预留电化简单悬挂 6.2m 设计）；既有北环线在与 B_1 线立交处亦根据净高要求相应予以抬高，然后北环双线并行下坡接入董家庄站。

2）B_1 线处在北环线、晏党线、B_2 线等既有铁路围成的三角地带内，地势低洼，大部分为藕塘、鱼塘，B_1 线因下穿北环双线必须降坡，而降坡地段的路肩设计高程受池塘水位控制，因此路基需采取防护措施。如按常规设计，B_1 线的路肩设计高程须按设计水位即引黄淤灌水位控制，从而引起相关的北环线、晏党线等既有铁路相应抬高 1.2m，进而将引起其既有路基抬道改建及其干砌片石护坡拆建工程，同时车站咽喉区亦需相应抬高 1.2m，最终引起咽喉区改造和车站顺坡抬道的大量改建工程，这不仅会增加大量工程投资，而且改建施工将严重干扰晏党线、北环线及济南西编组站、董家庄站的正常运营和增加大量过渡工程费用。为减少既有铁路、车站的大量改建工程和避免干扰运营，对 B_1 线降坡地段路肩高程按常水位控制（低于设计水位）做了低、高两个设计方案进行比选。

低方案：以不抬高上跨 B_1 线的既有北环线和上跨北环增二线的既有晏党双线为前提，则 B_1 线降坡地段路肩设计高程将低于常水位约 0.5m，路基防护工程措施技术较复杂，并因水塘基底软弱，不均匀下沉难以控制而留下后患。

高方案：为改善该段浸水路基的技术条件，拟将既有北环线和北环增二线在上跨 B_1 线立交处的高程适当抬高，从而将 B_1 线该段路肩设计高程相应提高到常水位以上。为此，既有晏党双线和董家庄站西端咽喉区采取道碴相应抬高，晏党线跨北环增二线立交处最大抬道量 0.37m，咽喉区西端最大抬道量 0.30m，与咽喉关联的 B_1 线局部地段亦予以相应抬高。

经技术经济比较，按高于常水位设计的高方案比按引黄淤灌水位控制的设计方案可节省直接工程费用约 790 万元（尚未计入干扰运营损失及车站过渡工程费用），并避免了对既有铁路、车站运营的严重干扰；高方案比低方案虽需增加工程费用 76 万元，但可有效地改善 B_1 线浸水路基的技术条件不留后患。同时考虑到高方案中该处路肩设计高程仍然低于引黄淤灌水位的实际情况，该段路基采用坝顶高程按引黄淤灌水位（设计水位）设计的复合材料堤坝整体结构防护，并设置一处集、排水泵站，及时排出天然降雨汇水，以确保路基干燥稳固和运营安全。经审定采用高方案，从而较好地解决了董家庄站外线路疏解方案和较复杂的平、纵断面设计问题。

3. 低于设计水位的“高方案”浸水路堤设计

为实现董家庄站外立交疏解方案，对位于水塘地段约 800m 路基的路肩低于设计水位的技术问题，作如下的设计研讨：

（1）设计工点概况

本工点位于 B_1 线 B_1K0＋800—B_1DK1＋640 的水塘地段。由 B_1K0＋800—B_1DK1＋309.15 和 B_1DK1＋392.49—B_1DK1＋640 两段组成，中间段 B_1DK1＋309.15—B_1DK1＋392.49 为下穿北环双线的立交框构涵（L＝83.34m）。工点的第一段路基处于由左侧的晏党线、北环线和右侧的 B_2 线封闭的低洼三角地带，地表水无法排出，如图 15-1 所示。

水塘底为流塑状砂黏土，厚 0.5～1.2m，下为砂黏土，可塑，局部流塑。

水塘常年积水，水深 0.5～1.4m，常水位为 25.60m，引黄游灌水位为 26.60m。

（2）路基设计方案比选

该处路基设计必须解决下列三个技术问题：

1）路肩设计高程低于设计水位（引黄淤灌水位）以下最大达 0.7m，这与现行设计规范规定相抵触。

2）地形低洼，需解决 B_1 线处于被三条既有线封闭的三角地带水塘中的路基排水问题，因地表水与地下水连通，难以排出。

3）塘底有 0.5～1.2m 厚的流塑状砂黏土，影响路基稳定性。

针对以上技术难题，提出两个基本方案，即封闭式路堑和复合材料堤坝整体结构。

封闭式路堑，工程量大，结构复杂，钢材、水泥用量大，造价高；地段长，又处于水塘中，基底软弱，不均匀下沉无法控制，势必产生裂缝，造成漏水难以处理。并且施工工序繁杂，工艺要求严格，加之施工场地狭窄，工程集中，工期难以保证，故此封闭式路堑方案显然不宜采用。

经反复认真研究比选，探索出复合材料堤坝整体结构。其结构形式为：路堤本体用片石填筑，两侧防水堤坝用黏性土填筑，堤顶高出设计水位（引黄淤灌水位）0.5m。堤顶宽 2m，将路堤变成路堑，如图 15-3 所示。为防止雨水冲刷，侧沟及防水堤内边坡和堤顶均采用干砌片石加固（干砌片石厚 0.3m，碎石垫层厚 0.15m），使地表水经侧沟汇集至集水井，由机械排出。堤外边坡在常水位以上种植紫穗槐防护。

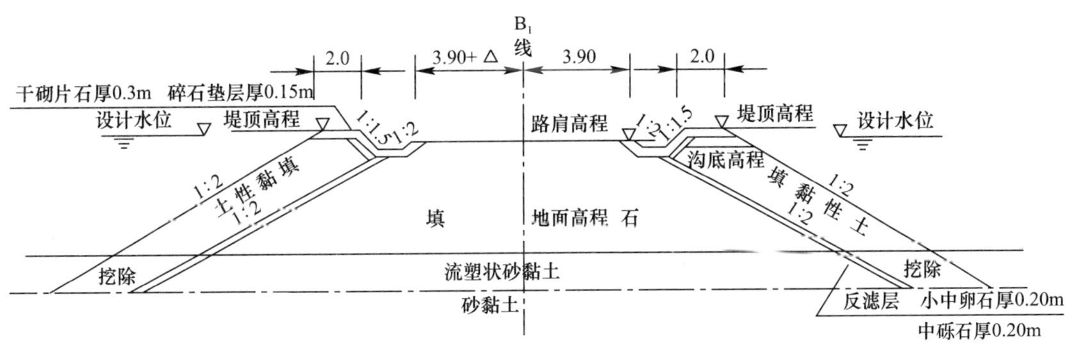

图 15-3　路基横断面结构示意图（m）

4. 设计主要优点

（1）北环增二线设计在原未预留复线条件的情况下，实现了董家庄站外按方向别立交疏解，避免了站内平面交叉，方便运营，显著提高了铁路运输能力，以适应津浦线现代化车流增加和车速提高的需要。

（2）线路平、纵断面设计合理，减少了新建、改建工程，节省了工程投资。如新建北环增二线与既有北环线并拢一起上跨 B_1 线，显著缩短了斜交框构涵长度，同时还使北环增二线能充分利用一段 B_1 线的既有路基及桥涵设备，节省了新建工程投资；线路纵断面设计，根据单方向行车特点，合理分段充分利用限坡 5‰和最大坡度 12‰，在有限的线路长度内有效地争取了两处立交需要的高度，同时还较恰当地处理了 B_1 线降坡地段路肩设计高程与水塘引黄淤灌水位的关系，从而尽可能地减少了相关的既有铁路、车站的抬道改建工程费用。

（3）B_1 线浸水路堤设计较好地解决了路肩高程低于设计水位这一关键性技术问题，成功地处理了地下水的防护、地表水的排出和基底软弱等问题。经过多年运营使用，该段路基尚未出现任何异常现象，可确保路基稳固。该处首次采用的复合材料堤坝整体结构防护工程措施，也为今后解决在特殊情况下路肩设计高程低于设计水位时的浸水路堤设计提供了设计经验和有价值的技术资料。

该处线路疏解工程已于 1989 年 4 月建成通车，经施工、运营考验，工程质量和运营状况良好，受到了有关部门的好评，并获得了铁道部优秀设计Ⅱ等奖。

注：本章原文曾刊载于《铁道标准设计》1992 年第 8 期。

第 16 章　悬挂式空中轨道交通系统

悬挂式空中轨道交通系统是前几年从德国引进的一种新型城市轨道交通系统，由于它具有不同于常规城市轨道交通模式的诸多特点，自引进以来受到广泛关注，众多厂家企业、设计单位都在研究开发并已取得实质性进展，已得到有关部门和专家学者认可，使我国城市建设的交通模式决策又多了一种新的选择，特此将这一新型交通系统作一简介，以供有关部门领导抉择和相关设计研究需要时参考。

16.1　悬挂式空中轨道交通系统简介

悬挂式空中轨道交通，俗称城市空中快巴（简称空轨），其走行系统是由钢或钢筋混凝土立柱支撑轨道梁在空中，车辆悬挂在轨道梁下运行的一种新型交通模式（见图 16-1）。

图 16-1　悬挂式空中轨道交通现状图

空轨起源于德国（德语 H-Bahn 意即空中轨道），该系统已于前几年由国际空列集团荷籍华人陈长桂先生全面引进中国。并聘请相关专业资深技术人员进行研究、消化吸收，还结合我国国情编制出《悬挂式空中轨道交通设计暂行规定（初稿）》，以备设计急需。笔者自始至终参与了这项工作，在此对这一新型轨道交通系统作一简介。

1. 系统特点

由于悬挂式空中轨道交通将地面交通移至空中，可不影响城市现有道路交通，从而有效缓解城市地面交通拥堵难题，与现有地铁、轻轨、跨座式单轨等城市轨道交通相比，其在建造和运营方面具有下列诸多特点：

（1）有效利用城市空间：空轨系统的高架结构及轨道梁占用空间小，立柱占地面积少，能有效缓解城市地面交通拥堵难题，这是这一新型公交模式的突出优势。

（2）运行安全可靠：走行机理与钢轮钢轨系统完全不同，列车走行轮和导向轮始终在箱型轨道梁内部运行，不会出现脱轨情况；加之配制了技术成熟的自动运行、停车、防护、监控等全自动控制系统，可保证列车全程在控制中心监控之下，充分保障了系统的运营安全。

（3）环境效应优势：空轨系统采用电力能源驱动，无排气及粉尘污染，行驶中噪声小；轨道结构窄，墩柱细，对城市日照和景观影响小，有利于环境保护。空中眺望条件好，车上乘客视野宽广，可收到旅游观光的效果。

（4）适应地形能力强：胶轮走行的粘着性能好，有利于加减速，适用于在站间距较短、大坡道（10%）、小半径曲线（30m）的线路上运行，可适应急转弯及大坡度，对复杂地形、场地、路况适应性强，选线灵活性大，从而可以减少拆迁量和施工期间对地面交通的影响。

（5）施工简便、建设周期短：轨道梁、墩柱等构件按标准化设计便于工厂预制，现场拼装，既保证了精度又便于施工，土建工程简单，建设工期短。考虑厂内构件预制和现场安装、调试时间，建设项目总工期约为 1.5～2 年，比其他城市轨道交通建设周期短。

（6）系统可拆除改移：空轨系统还可以根据城市规划发展延长线路或进行拆移他用，不会造成既有工程废弃，使投资效益最大化。其他城市轨道交通系统一旦建成无法拆移他用。

（7）工程造价相对较低：基于空轨线路技术特性，选线灵活性大、适应性强，加之结构占地面积小，可以避免大量拆迁工程；结构现场安装简便、快捷，可节省大量现场施工费用和避免或减小干扰城市道路交通附加费用。根据现有资料综合分析，空轨系统每千米总造价约为 1.2 亿～1.5 亿元，较其他城市轨道交通系统低（约为其他城市轨道交通系统的 1/2～1/4）。随着车辆、结构设备国产化率的不断提高和生产标准化，总成本还有望降低。

2. 运输能力及功能定位

（1）运输能力

德国运行的线路上列车由两节车辆组成。按德国标准每节车辆定员 45 人，允许超员到 75 人，一列车最多为 150 人。列车间隔据介绍可以达到 40s，实际受车站乘客上下车时间制约，40s 追踪间隔难以做到。若最小追踪间隔按 50s、60s、72s 考虑，则高峰小时输送能力（即单方向客运量）分别为 10800 人、9000 人、7500 人。如按一列车由 4 节车辆组成，一列车定员最大为 300 人，最小追踪间隔按 90s、72s 考虑（平均停站时间按 25～30s 考虑），则高峰小时输送能力可达 12000～15000 人。具体建设项目可根据客流量设计确定。

（2）功能定位

悬挂式空中轨道交通系统是有别于地铁、轻轨和磁悬浮的一种理念全新、技术成熟的城市快速公交系统。其高峰小时输送能力相当于城市轨道交通的中低运量标准。该系统适合于：

中小城市的城市公共交通线路；

大城市非客流主通道区域的城市公共交通线路；

机场、火车站、地铁、长途客运站、码头等之间的联络线；

风景旅游区、大型博览会、主题公园、休闲度假村的观光线；

特殊地质条件、特殊周边环境而不适合修建其他城市轨道交通系统的轨道交通线。

3. 主要技术标准

(1) 线路、站场

悬挂式空中轨道交通系统运行线路是在钢箱梁内底板顶面上采用胶轮运行，利用导向胶轮和箱梁侧翼导向，其走行机理显然不同于常规公交胎轮路面行驶，也有别于传统的钢轮钢轨系统。其线路平、纵断面设计参数必须根据该系统的结构特点、行车速度、乘客乘坐舒适度要求等计算确定。

根据德国资料，平面最小曲线半径30m（因其严重限速，笔者认为区间正线除特殊需要外少用）；最大坡度6°（按我国习惯设计可采用10%）；双线线间距：3.8m＋柱宽；道岔：转折角不固定，可曲线出岔，转换长度4～5m，最大设置坡度6°。

站台长度：两辆编组17m；四辆编组35m。站台宽度根据乘降客流量确定。站间距未见德国资料有关规定，笔者认为，从公交特色考虑，人口稠密地区以1km左右为宜，其他地段可根据沿线居住集中区分布及客流量设计确定。

(2) 轨道梁结构

空轨系统的轨道结构是指整个系统的高架结构，主要由轨道梁、道岔梁、墩柱和基础组成。除墩柱的基础外，其余部分均采用钢结构。

轨道梁：其跨度为25～36m，结构形式比较简单。轨道梁截面全部采用底部开口的箱型截面，箱梁的下翼缘兼作轨道，车轮支撑于开口的钢箱内，车辆悬挂于轨道梁下面；电力、通信、信号系统均安装在钢箱内部。

墩柱：轨道梁的墩柱有倒L形墩柱（用于单线）和Y形墩柱（用于双线），墩柱全部采用钢结构，用来支撑悬挂轨道梁。墩柱与基础之间采用高强度预应力粗钢筋螺栓连接。

(3) 车辆

车辆速度特性：设计行车速度50km/h（车辆构造速度65km/h）；车辆启动加速度1.0m/s^2，车辆常用制动减速度1.0m/s^2，紧急制动减速度大于1.5m/s^2；

车辆主要结构尺寸：长×宽×高为8.23m×2.24m×2.6m；车门宽1.35m、高2m，每侧两个门；紧急疏散门宽0.86m、高2m（设在车体两端）；

车辆定员：定员45人/辆，超员允许75人/辆；

车辆质量：净重8455kg，最大荷载4923kg，最大质量13378kg；

车辆设计使用寿命：30年。

(4) 供电、信号、通信

供电：接触轨供电，供电电压AC400V，供电臂长度500m。

信号：列车采用自动控制ATC系统，包括列车自动监控系统（ATS）、自动防护系统（ATP）、自动驾驶系统（ATO）。车地通信采用感应环线方式。

通信：旅客通信系统（含旅客向导功能）、有线广播系统和旅客信息显示系统。

列车首、尾司机室之间设通话设备；车站、调度中心和车辆基地设无线通信设备。

4. 国内外发展现状

（1）国外发展现状

“悬挂式空中轨道交通”起源于德国的乌帕塔尔市，1900 年德国建成了世界第一条悬挂式空中轨道交通线路。20 世纪 80 年代，在德国政府的要求和支持下，由西门子公司设计、制造了现代悬挂式空中轨道交通系统。

乌帕塔尔市的悬挂式空中轨道交通线路长 13.3km，建成至今已有 110 多年的历史，一直维持正常运营，2004 年底车站进行了现代化的改建，市政府表示还要再运营 100 年。

多特蒙德线：多特蒙德市共有 2 条线路，横跨大学校园，均采用全自动无人驾驶运营。其中 2 号线于 1984 年建成，线路长 1.05km，单线，1 辆车往返运行，发车间隔 5min；1 号线于 1993 年建成 1.75km，2003 年扩建了 1.25km，线路总长 3km，单线，设有 5 座车站，2 辆车往返运行，中间设避让线，发车间隔 10min。2007 年建成维修车间。

德国杜赛尔多夫线：该线为连接火车站和机场的一条线路，长度为 2.5km。1993 年投入运营，采用全自动无人驾驶，每天运营 21h，2002 年运输乘客达 130 万人次。设有 4 座车站，可以很方便地为乘客提供换乘。

日本千叶都市线：日本于 1961 年引进了德国的相关技术，并进行了自主研发，现已建成目前世界上最长的悬挂式空中轨道交通线路。千叶都市 1、2 号线线路总长 15.2km，规划线路总长 40km，远期预计单向高峰小时客流量为 9200 人次，日客流量 4.43 万人次。

（2）国内发展现状

悬挂式空中轨道交通系统这一新型城市轨道交通系统于 2011 年引入中国后，当年在北京召开了新闻发布会，由国际空列集团牵头组成联合体，原铁道第三勘察设计院负责设计、中国南车负责生产车辆、中铁宝桥集团负责轨道梁和墩柱的生产，北京交控科技有限公司为自动控制系统生产合作单位，技术上有可靠的保障。同时还聘请了有关专业资深技术人员（原铁道第三勘察设计院各级总工、天津车辆厂总工）组成专家组，对引进的技术资料进行研究、消化吸收，期间多次与德国专家交流，历时一年半于 2013 年初编制出《悬挂式空中轨道交通设计暂行规定（初稿）》，以备工程设计急需。

由于悬挂式空中轨道交通这一新型交通模式相比现有其他城市轨道交通系统具有诸多特点和优势，将是有效解决我国城市地面交通拥堵难题且有推广价值的一种新型交通方式，已得到国内有关部门和专家的认可，并已在我国引起强烈反响，诸多城市表示有修建意向。

最先提出的是浙江温州项目，锦绣路方案线路长度 7.6km，选择新型公交系统来解决温州地面交通拥堵问题，委托原铁道第三勘察设计院进行勘察及方案研究，设计推荐采用这一新型公交系统。

之后还有济宁市、青岛市、天津西青区、天津空港地区、上海长宁临空经济园区等多地也有意向选择这一新型交通模式，尚处在项目规划研究阶段或工程筹划前期工作中。

近两年来该系统的研发、建设已取得新的实质性进展，例如：

1）四川凉山拟建环邛海空中列车：2015 年 5 月，国际空列集团、中国南车集团、中车青岛四方机车车辆股份有限公司、铁道第三勘察设计院集团有限公司共四方与凉山州政府初步形成合作意向，拟定以PPP模式合资合作，共同出资约60亿元，建设近40km的环邛海空中列车，解决邛海旅游观光和交通瓶颈问题。

2）金堂将建悬挂式空中轨道交通：2015年10月，金堂县举行悬挂式空中轨道交通项目签约仪式，正式与中国建筑一局（集团）有限公司就该项目以PPP模式合作达成协议。项目线路全长约9km，力争于2017年启动建设，2020年建成通车。

3）黄果树悬挂式空中轨道交通工程：2016年1月16日，黄果树风景名胜区举行了悬挂式空中轨道交通项目开工仪式，示范线路长度6.5km，设站5座，全线运行13min，既方便了游客交通，也给景区增添了新的特色。线路规划延长至天星桥景区，总投资约23.5亿元。

4）韩城悬挂式空中轨道交通项目正式开工：2016年11月23日，韩城市悬挂式空中轨道交通司马迁祠至古城段项目开工仪式隆重举行。该项目线路长度10.7km，是韩城市悬挂式空中轨道的一期工程，设高架车站6座，车辆基地1处。设计按双线运行，线间距4.8m，设计运行速度50km/h。项目总投资18.68亿元，由中车集团公司牵头组成的联合体采用政府和社会资本合作（PPP）模式进行建设。

该项目是国内首条正式开工建设的悬挂式空中轨道城市公交项目，对这一新型公交模式的推广及PPP合作模式建设具有示范效应，也可为该项目规划55km的后续工程积累经验。

5）沈阳悬挂式空中轨道交通系统规划方案：2016年1月5日，沈阳市皇姑区政府采购办发布规划方案设计招标公告，北运河皇姑区段线路长度12.6km，工程造价估算约18.9亿元，计划于2016年启动实施。此外，沈阳市有望建设另外两条线路，分别为南运河线、沈阳南站至桃仙机场T3航站楼线。

6）我国首条新能源悬挂式空中轨道交通试验线顺利贯通：由西南交通大学等多个单位联合研制的国内首条新能源悬挂式空中轨道交通试验线于2016年11月21日在成都顺利贯通，同时首列新能源空中列车正式投入全线试运行，这标志着空轨运行系统进入全面测试阶段，进而为下一步制定相关技术标准和示范线建设奠定基础。并首次采用电池包代替高压电用于列车牵引，相关技术具有完全自主知识产权，是我国轨道交通领域的重大创新。

7）中车青岛四方机车车辆股份有限公司悬挂式空中轨道试验线：由中车青岛四方机车车辆股份有限公司投资兴建、中国铁建二十五局集团承建的国内首条悬挂式空中轨道试验线已开始正式试验运行。该试验线建于厂内，线路长度890m，其中包括600m正线和200m联络线。线路最大坡度60‰，最小曲线半径50m。直线地段最高运行速度50km/h。试验线设有一处站台，可供人员乘降使用。联络线端部设置调试库，具有落车、调试、称重等功能。试验线设有一组道岔，型号为单开自动道岔。

该试验线的建成和开展试验运行，将为空轨这一新型交通系统的工程建设和运营管理积累经验，进而为下一步制定相关技术标准和车辆国产化、系统结构生产标准化奠定基础，有力促进悬挂式空中轨道正式营业线路建设的发展。

5. 发展前景评估

如前所述，由于悬挂式空中轨道交通这一新型交通模式与现有的其他城市轨道交通系统相比具有诸多特点和优势，已得到我国有关部门和有关专家们的认可。结合我国国情，在城市交通方面，远不如发达国家的城市交通网络完善，随着城市经济社会的发展，城市地面交通拥堵、污染问题日趋严重，具有占地面积最小、造价相对较低特点的悬挂式空中轨道交通这一新型交通模式无疑是解决这一问题和维持城市经济社会持续发展的有效途径，考虑其运输能力属中小运量，特别适合于诸多中小城市或大城市中非客流主通道区域的公交线路推广采用。

我国地域辽阔，山河锦绣，自然景区、旅游胜地遍布，各地旅游产业蓬勃发展，具有环境效应优势的悬挂式空中轨道交通模式，无排气及粉尘污染，适应地形爬坡能力强，能有效解决游客交通问题，且车上视野开阔，观光效果好，其本身就是一道亮丽的风景线，可以给景区增添新特色，提升景区经济效益。还有景区内运营车票定价较城市公交票价灵活性大，也可与景区整体效益统筹考虑，可缩短工程投资还本期。由此可见，悬挂式空中轨道交通模式理应是解决景区交通问题的首选，也可建作主题公园、休闲度假村的观光线。

此外，该系统的功能定位还适合于机场、火车站、地铁、长途客运站之间的联络线以及特殊地质条件、特殊周边环境不适合修建其他城市轨道交通系统的轨道交通线。

综上所述，由于悬挂式空中轨道交通系统具有诸多优点，而且其功能定位面广，适合修建处多，符合我国国情和城市发展交通建设的需要，自引进以来，受到广泛关注，众多厂家企业、设计单位都在进行研究开发，并已得到有关部门和专家学者的认可，尤其是近两年来研发工作已有加快势头并取得了实质性进展，现已有两条试验线建成并开展试验运行，还有作为公交项目的正式线路落地开工建设，都将为空轨系统的工程建设和运营管理积累经验，进而为下一步制定相关技术标准和车辆国产化、系统结构生产标准化奠定基础，这些都将大力促进空轨交通的加速发展和推广应用，我国城市多、市场大，发展前景广阔。

16.2　悬挂式空中轨道交通效益问题研讨

德国 H-Bahn（意即空中轨道）这一全新轨道交通系统（以下简称空轨交通）的引进，以其较其他城市公交系统的诸多独特优势，已在我国引起强烈反响，诸多城市纷纷表示有修建意向并积极开展前期工作，只因国内尚无线路工程及运营先例，故对其投资效益问题广泛关注。这是一个涉及面广、不定因素多的复杂问题，目前尚无成熟的分析计算方法。鉴于现阶段还没有具体项目正式设计完整资料依据和确切客流预测数据，本节拟在德国营业线路年报统计相关数据基础上，综合我国成熟的地铁设计和多年运营统计资料，并考虑空中轨道结构特点、系统规模差异进行运营成本分析和收益计算，供项目立项前期工作参考，并与业内同仁共同探讨。

1. 运营成本分析

项目运营成本主要包括：人员工资、电力费、车辆维修费、设备维修费、营运费、管理费、基本折旧费、营业税、贷款利息及其他费用支出。根据天津地铁 2、3、5 号线设计资料并参考 1 号线运营统计资料，百车公里指标列于表 16-1。

地铁运营成本指标（元/百车公里）　　**表 16-1**

项目	人员工资	电力费	车辆维修费	设备维修费	营运费	管理费	合计
天津地铁设计资料	按定员计算	276	93	91	170	180	810

结合空轨交通结构特点、系统规模对其运营成本分析如下：

(1) 人员工资

1) 机构定员

需经项目具体设计确定。现阶段根据《城市轨道交通工程项目建设标准》(建标104—2008)的相关规定,机构定员可按运营线路长度指标80~100人/km测算。参考天津地铁设计实际定员指标多为60~70人/km,比照空轨交通运营特点及运量规模,定员指标按地铁指标的1/3即20~24人/km。另据德国已运营百余年的乌帕塔尔线资料,线路长度13.3km,有人驾驶,总定员298人,折合每千米22.4人,二者基本一致,故本节分析定员指标拟采用20~24人/km。

2) 工资标准

运营第一年人均月工资按3000~4000元(含五险一金等福利),并考虑按年增长率3%~5%递增。

(2) 电力费

根据德国多特蒙德线营业统计指标2.3kWh/车公里,按国内电价0.8元/kWh计算得出1.84元/车公里。

(3) 车辆维修费、设备维修费

考虑运营维护工况相近,按表16-1中天津地铁设计指标考虑。

(4) 营运费、管理费等

考虑营业规模差异,拟按表16-1中天津地铁设计指标的1/2计算。

综合以上分析,折合成空轨交通运营车公里指标(第(2)~(4)项合计)为5.43元/车公里(人员工资另算)。

(5) 基本折旧费

基本折旧包括土建固定资产折旧和车辆固定资产折旧。折旧值按使用年限等额提取。参照《城市轨道交通工程项目建设标准》(建标104—2008),城市轨道交通的固定资产折旧分为土建工程和运营装备两大类。为方便计算,对折旧年限进行简化处理,将除车辆以外的运营装备固定资产和土建工程固定资产进行加权计算,得出其综合折旧率为2.85%。车辆按使用年限30年折旧率为3.33%,按运营年度实际车辆数分段计算。

(6) 贷款利息

支付项目的长期及短期贷款利息,长期贷款年利率为5.94%,短期贷款年利率为5.31%,根据项目融资方案贷款金额计算。项目贷款额度越大,对项目运营效益影响越大。

(7) 营业税及附加

为营业收入的3.30%。

2. 运营收入测算

城市交通运营收入主要由运送旅客的票款收入和其他净收入两部分组成。票款收入主要取决于票价高低和客流量大小。城市交通属于社会公益性事业,票价不能按项目运输成本制定,要接受当地政府对票价的管制并考虑乘客认可的承受能力。结合空轨交通特点,票价拟按高于地面普通公交,低于出租车起步价制定。票价可为单一票制或计程票制,当线路较长、车站较多时,宜按城市轨道交通普遍采用的计程票制,分站计价,如1~4站

3 元/人次、5～9 站 4 元/人次、10～14 站 5 元/人次、15 站以上 6 元/人次。

客流量测算：鉴于项目前期规划阶段尚无确切的客流量预测资料，往往仅粗略提出最大客流量，考虑城市轨道交通运营特性，一般初期客流量小并呈逐年增长的基本规律，按相关规范规定分三期进行分析，即初期（运营第 3 年）、近期（运营第 10 年）、远期（运营第 25 年），各分期内根据运输组织方案设定的输送能力，分高峰、平峰时段测算客流量，据此计算票款收入，分期逐年累计票款总收入。

其他净收入包括车站商铺租赁、广告等收入，为方便计算按票款年收入的 20%计入总收益内。

3. 工程投资效益评估

（1）运营盈利期预测

当年度运营收入大于年度运营支出时即项目运营进入盈利期。

（2）工程投资回收期预测

当工程项目建成交付正常运营到一定年限，其累计运营收入扣除同期累计运营支出后，当其差值为正数且等于或大于该工程投资总额时，该年限即为工程投资回收期（还本期）。据此可建立如下数学模型：

$$\sum_{t=1}^{n} S_t - \sum_{t=1}^{n} C_t \geqslant Z \tag{16-1}$$

式中　$\sum_{t=1}^{n} S_t$——累计运营收入，万元；

$\sum_{t=1}^{n} C_t$——累计运营支出，万元；

Z——工程投资总额，万元。

$$\sum_{t=1}^{n} S_t = \frac{S_1(q^n - 1)}{q - 1} \tag{16-2}$$

式中　S_1——各分期起始年票款收入；

q——各分期客流增长率。

$$\sum_{t=1}^{n} C_t = \sum_{t=1}^{n} C_1 + g_1 \frac{q^n - 1}{q - 1} \tag{16-3}$$

式中　C_1——各分期起始年基础成本支出；

g_1——第 1 年人员工资支出；

q——人员工资年增长率。

由公式（16-2）、公式（16-3）可见，运营票款收入多少取决于客流量大小，运营成本支出主要取决于运输组织方案如列车编组辆数、行车间隔时间等可变成本支出。由于项目前期规划阶段往往没有分期各年度、各时段的确切客流量资料，本节拟按城市轨道交通运营特性，考虑运营初期客流量少且呈逐年增长和全日客流中平峰时段实际客流量较少等基本规律，设定三期客流量分别为需求的最大客流量的 50%、70%、100%，并考虑一定的运能储备，据此详细设计各年度和分时段的运输组织方案，如列车编组辆数、行车间隔时间等，以尽可能降低运输成本。

现结合温州、济宁、上海长宁、天津西青等规划项目实际，按上述原则设计的运输组织方案列于表 16-2，按公式（16-2）、公式（16-3）计算得出的各年度累计运营收入、支出列于表 16-3。

运输组织方案　　　　**表 16-2**

项目	线路长度（km）	规划双向最大客流量（人次/h）	初期（运营第 3 年）				近期（运营第 10 年）				远期（运营第 25 年）			
			双向客流量	列车对数（对/h）	列车编组（辆/列）	间隔时间（min）	双向客流量	列车对数（对/h）	列车编组（辆/列）	间隔时间（min）	双向客流量	列车对数（对/h）	列车编组（辆/列）	间隔时间（min）
温州	7.6	10000	5000	20	2	3 6	7000	30	2	2 4	10000	30	3	2 4
济宁	11.4	6000	3000	12	2	5 10	4200	17	2	3.5 7	6000	24	2	2.5 5
天津西青	9.91	8000	4000	15	2	4 8	5600	24	2	2.5 5	8000	30	2	2 4
上海长宁	8.6	8200	4100	15	2	4 8	5740	24	2	2.5 5	8200	30	2	2 4

累计运营收入及支出汇总　　　　**表 16-3**

项目		累计成本支出（万元）	累计票款收入（万元）	加其他收入合计（万元）	累计盈亏差值（万元）	累计基本折旧费（万元）	累计贷款利息（万元）	工程投资总额（亿元）
温州	运营第 3 年	6968	13256	14582	7614	7214		9.196
	运营第 10 年	29712	73281	83611	53899	25759		
	运营第 25 年	101201	265968	314835	213634	71705		
济宁	运营第 3 年	6461	11489	12638	6177	10687		13.794
	运营第 10 年	26783	62152	70901	44118	36939		
	运营第 25 年	87687	215429	254833	167146	96861		
天津西青	运营第 3 年	6839	12566	13822	6983	9334		11.9911
	运营第 10 年	30096	71514	81613	51517	33090		
	运营第 25 年	95099	248401	293877	198778	86815		
上海长宁	运营第 3 年	6431	12566	13822	7391	8101		10.406
	运营第 10 年	28058	71514	81613	53555	28847		
	运营第 25 年	88781	248401	293877	205096	75843		

注：累计成本支出中未含基本折旧费。

从表 16-3 可以看出，基本折旧费较大，当计入成本支出时，运营初期为亏损经营，盈利期约为 3～8 年，工程投资回收期一般约为 20～27 年，但济宁项目因线路较长投资大、客流量较小，回收期不理想，长达约 37 年。当基本折旧费不计入成本支出时，项目运营初期即可进入盈利期，工程投资回收期提前到约 15～22 年，比投资总额较大的其他轨道交通投资回收期短。贷款利息数额也较大，其与项目工程投资大小、融资方式、贷款额度、年限、利率等有关，计不计入运营成本支出，会直接影响项目盈利期及还本期，由于各项目融资方案未定，本节探讨未计入贷款利息。据相关信息，国家发展和改革委员会正在研究相关政策，运营成本不计入折旧费用和贷款利息，拟由政府划拨土地储备升值偿还，这将对促进我国城市轨道交通建设起到重大作用。

4. 项目社会效益与政策扶持

(1) 空轨交通社会效益

空轨交通的社会效益是指交通给运营企业以外的整个社会带来的经济效益，可分为有形效益和无形效益，概述如下：

1）节约城市土地

空轨交通这种新型的立体交通模式，与通常敷设在地下隧道或高架轨道上的轨道交通线路或常规地面公交线路相比较，就乘客人均占用土地面积而言，空轨交通是各种城市客运交通方式中最少的。

2）缓解交通拥堵

交通拥堵既使行车速度降低、油耗增加和运营成本上升，也使乘客出行时间和出行成本增加，空轨交通出行的快速、舒适和安全，有利于吸引客流，从而减少地面交通的客流和车流，缓解地面交通拥堵问题。

3）减轻交通疲劳

在拥挤、不舒适条件下长时间乘车会引起人体机能下降，产生交通疲劳。对通勤人员，交通疲劳会使其劳动生产率下降。而空轨交通的舒适、快速，有助于减轻交通疲劳。

4）减少公交支出

由于空轨交通分流了常规公交的客运量，常规公交的投资和运营费用相应减少，如公交车辆购置费和车辆维修保养费等。

5）节约出行时间

空轨交通可以节约乘客出行时间，而乘客则可利用节约的时间去从事社会生产和其他的社会、个人活动，产生社会效益。

6）减少交通事故

空轨交通以路权专用为主，发生事故的概率低于地面交通。此外，空轨交通对地面交通的分流，也使地面交通的安全情况有一定改善。

7）促进经济发展

空轨交通能使沿线土地增值，带动车站周围地区商业发展，给相关产业带来商业机会，从而增加就业和税收，促进经济发展。

8）降低能源消耗

从能源消耗的角度来看，空轨交通采用电力牵引，且在人公里能耗上是各种城市客运交通方式中最低的。

9）减轻环境污染

空轨交通是环境友好型的城市客运交通方式，与道路交通相比，无尾气排放、噪声影响较小，环境污染治理费用降低。

10）优化旅游景区交通

空轨交通可为旅游景区增添交通特色，可提升景区整体经营效益。

(2) 政策扶持

1）政策扶持的依据

城市公共交通建设属社会公益事业，如上所述其社会效益显著，但对运营企业而言，轨道交通运营亏损是普遍现象。收支不能平衡的直接原因是乘客支付的车费远低于成本，按轨道交通完全成本测算定价，票价将达到 10 多元，超出了乘客的心理承受能力，根本原因是轨道交通投资巨大，使得折旧成本、运输成本很高。在运营亏损的情况下，如果没有合理的政策扶持，轨道交通的投资者、运营者将难以持续经营，最终会抑制轨道交通的发展。

从宏观角度来看，城市的社会经济发展、市民的生活质量提升，均受益于轨道交通的发展。这也是世界各地依然纷纷修建轨道交通线路以及各国政府给予轨道交通政策扶持的主要原因。将轨道交通产生的社会效益，如沿线土地增值的政府收益，以政策扶持的形式返回给投资者、经营者，可吸引较多的投资者进入轨道交通领域，从而实现轨道交通发展与社会经济发展的良性互动。

2）政策扶持的方式

轨道交通的运营亏损可分为非经营性亏损和经营性亏损两种情形。政策扶持的目标是非经营性亏损，使运营企业能收支平衡、略有利润。

从成本承担的角度来看，轨道交通的投资、运营模式大体有下面两种：

① 承担完全成本模式

该投资、运营模式的特点是承担完全成本，轨道交通的投资、运营合一，轨道交通企业承担工程投资、贷款利息和运营费用。对经营亏损，政府给予财政补贴或给予某些特许经营权，使其能收支平衡。

② 承担运营成本方式

该投资、运营模式的特点是承担部分成本，轨道交通的投资、运营分开，轨道交通企业只对运营费用及追加投资、大修费用等自负盈亏，不承担折旧费用和贷款利息。在轨道交通发展、运营初期，政府通常给予一定的财政补贴。例如天津地铁 5 号线按照天津地铁 2、3 号线的补贴办法，对出现的亏空，除将基本折旧全部用于还款之外，由市政府安排城建专项基金按年度进行补贴。

由上面的分析可知，政府的政策扶持主要是财政补贴和给予特许经营权两方面。

① 财政补贴

财政补贴是国内外采用较多的政策扶持方式，财政补贴的具体措施包括：亏损全额补贴、税收优惠或减免、少提或不提折旧、贷款利息减免、贴息贷款和各种经营补贴等。

② 特许经营权

政府给予某些特许经营权，轨道交通企业借此获得利润，并补偿主业的经营成本或亏损。香港地铁通过政府给予的上盖物业开发权，可从物业发展商处得到 50%的利润，为地铁盈利和线网建设打下了基础。

扶持政策的具体选择，取决于轨道交通的投资体制、地方政府的经济实力、经济发展的市场化程度以及轨道交通沿线的开发现状等。不管选择何种扶持政策，均应达到以下两方面的效应：一是企业有内在动力去控制成本、增加收入；二是新的投资者能看到盈利前景、有兴趣参与投资。

5. 结论

国家已决策加快我国城镇化进程和加大投入建设城市公共交通，空轨交通这一新型立体交通模式的引进，恰逢其时，以其占地少、工期短、污染小、投资相对较省等诸多优势，正是解决我国城市地面交通拥堵及其蔓延问题的最佳选择，机遇难得，前景乐观。

根据以上分析，空轨交通建成交付运营后，只要经营管理得当，并有稳定的、足够数量的客流支撑，运营初期就有盈利空间，随着客流逐年增加，盈利空间随之增大。同一项目的盈利额度及还本期长短主要取决于实际客流量大小及票价高低，实际客流量增长快，则盈利多，实际还本期缩短。票价设定要适度，过高会损失客流，过低会减少收益，都影响运营盈利及还本期。本项目偿还期预测是按城市公交项目考虑的，偏重社会公益事业因素，企业效益有限，故工程投资回收期一般均较长。作为社会公益事业，项目运营初、近期通常享有政府财政补贴、减免税金、运营成本将不计入折旧费用和贷款利息等优惠政策，有利于促进这类项目的建设积极性。当项目建设在旅游景区时，空中列车可作为旅游观光项目与景区总体效益统筹考虑，提高票价，加之景区线路一般较短，工程投资额较小，还本期可大为缩短，企业效益将显著增大。同时考虑到作为社会公益事业的城市轨道交通，除项目本身的经济效益外，还会带来显著的社会效益，可见这种新型轨道交通引入我国城市交通建设理当有着良好的发展前景。

注：本节原文曾刊载于第九届世界轨道交通发展研究会年会论文集中。

参考文献

[1] 国家技术监督局，中华人民共和国建设部 GB 50157—92 地铁设计规范［S］. 北京：中国建筑工业出版社，1992.

中华人民共和国国家质量监督检验检疫总局，中华人民共和国建设部. GB 50157—2003 地铁设计规范［S］. 北京：中国建筑工业出版社，2003.

中华人民共和国住房和城乡建设部，中华人民共和国国家质量监督检验检疫总局. GB 50157—2013 地铁设计规范［S］. 北京：中国建筑工业出版社，2013.

[2] 中华人民共和国国家质量监督检验检疫总局，中华人民共和国住房建设部. GB 50090—2006 铁路线路设计规范［S］. 北京：中国计划出版社，2006.

国家铁路局. TB 10098—2017 铁路线路设计规范［S］. 北京：中国铁道出版社，2017.

[3] 中华人民共和国铁道部. TB 10003—2005 铁路隧道设计规范［S］. 北京：中国铁道出版社，2005.

国家铁路局. TB 10003—2016 铁路隧道设计规范［S］. 北京：中国铁道出版社，2017.

[4] 中华人民共和国铁道部. TB 10001—2005 铁路路基设计规范［S］. 北京：中国铁道出版社，2005.

国家铁路局. TB 10001—2016 铁路路基设计规范［S］. 北京：中国铁道出版社，2017.

[5] 中华人民共和国建设部，中华人民共和国国家发展和改革委员会. 建标 104—2008 城市快速轨道交通工程项目建设标准［S］. 北京：中国计划出版社，2008.

[6] 国家铁路局. TB 10621—2014 高速铁路设计规范［S］. 北京：中国铁道出版社，2014.

[7] 国家铁路局. TB 10623—2014 城际铁路设计规范［S］. 北京：中国铁道出版社，2015.

[8] 中国铁道学会. T/CRSC 0101—2016 市域铁路设计规范［S］. 北京：中国铁道出版社，2017.

[9] 中国土木工程学会. T/CCES 2—2017 市域快速轨道交通设计规范［S］. 北京：中国建筑工业出版社，2017.

[10] 中华人民共和国建设部. CJJ 96—2003 地铁限界标准［S］. 北京：中国建筑工业出版社，2003.

[11] 中华人民共和国国家计划委员. GBJ 12—87 工业企业标准轨距铁路设计规范［S］. 北京：中国计划出版社，1987.

[12] 中华人民共和国住房和城乡建设部. GB 50012—2012 Ⅲ、Ⅳ级铁路设计规范［S］. 北京：中国计划出版社，2012.

[13] 施仲衡，张弥，王新杰等. 地下铁道设计与施工［M］. 西安：陕西科学技术出版社，2006.

[14] 铁道第一勘察设计院. 线路［M］//铁路工程设计技术手册. 北京：中国铁道出版社. 1994.

[15] 郝瀛. 铁道工程［M］. 北京：中国铁道出版社，2000.

[16] 欧阳全裕. 地铁轻轨线路设计［M］. 北京：中国建筑工业出版社，2016.

[17] 上海市建设文员会科学技术委员会. 地铁一号线工程［M］//上海大型市政工程设计与施工丛书. 上海：上海科学技术出版社，1998.

[18] 张金立. 精心创造精品——津滨快速轨道交通［M］. 北京：中国铁道出版社，2005.

[19] 广州市地下铁道总公司，广州地下铁道设计研究院. 广州地铁二号线设计总结［M］. 北京：

科学出版社，2006.

[20] 原铁道第三勘察设计院. 天津地铁 2 号、3 号线限界设计资料 [M]，2006.

[21] 欧阳全裕，张礼南. 董家庄站外疏解线路设计简介 [J]. 铁道标准设计，1992 (8)：18～21.

[22] 欧阳全裕. 地铁线路平面曲线设计相关参数的确定 [J]. 铁道标准设计，2003 (7)：5～6.

[23] 欧阳全裕，姜传治，杨作刚. 地铁线路平、纵面曲线设计参数的确定及有关问题研讨 [C]. 天津市土木工程学会第七届年会优秀论文集，2005.

[24] 欧阳全裕，姜传治，杨作刚. 地面铁路联络线线路技术标准研讨 [J]. 铁道标准设计，2006 (4)：5～6.

[25] 欧阳全裕，姜传治，杨作刚. 关于《地铁设计规范》中部分条文的讨论 [J]. 城市轨道交通研究，2006 (4)：14～17.

[26] 欧阳全裕，杨作刚. 城市轨道交通发展与线路技术标准设计原则 [J]. 轨道交通，2006 (12)：54～56.

[27] 欧阳全裕，王志培，姜传治. 地铁曲线车站站台建筑限界计算研讨 [J]. 城市轨道交通研究，2007 (5).

[28] 欧阳全裕，姜传治. 地铁地下线凹形竖曲线最低点位置及高程的确定 [J]. 铁道标准设计，2007 (12)：14～18.

[29] 欧阳全裕，李际胜，杨作刚. 城市轨道交通市郊线特点与线路技术参数研讨 [J]. 城市轨道交通研究，2008 (9)：7～10.

[30] 孟凡铁，杨斌，欧阳全裕（执笔）. 地铁市郊地面线路基设计 [J]. 铁道标准设计，2010 (12)：23～24.

[31] 李睿，李晓飞，欧阳全裕（执笔）. 地铁线路纵断面设计研讨 [J]. 铁道标准设计，2013 (1)：42～44+56.

[32] 李睿，杨作刚，欧阳全裕（执笔）. 新版地铁设计规范中的问题解读 [J]. 城市轨道交通研究，2018 (9).

[33] 杨作刚，欧阳全裕（执笔）. 地铁线路最小线间距与曲线加宽计算研讨 [J]. 城市轨道交通研究，2017 (3).

[34] 李睿，杨作刚，欧阳全裕（执笔）. 悬挂式空中轨道交通系统 [J]. 城市轨道交通研究，2018 (6).

[35] 国际空列集团. 悬挂式城市空中轨道交通系统，2012.

[36] 铁道第三勘察设计院集团有限公司. 悬挂式城市公共交通系统可实施性分析报告，2012.

[37] 欧阳全裕，刘允公，欧阳晖. 悬挂式空中轨道交通效益问题研讨 [J]. 第九届世界轨道交通发展研究会年会论文集.